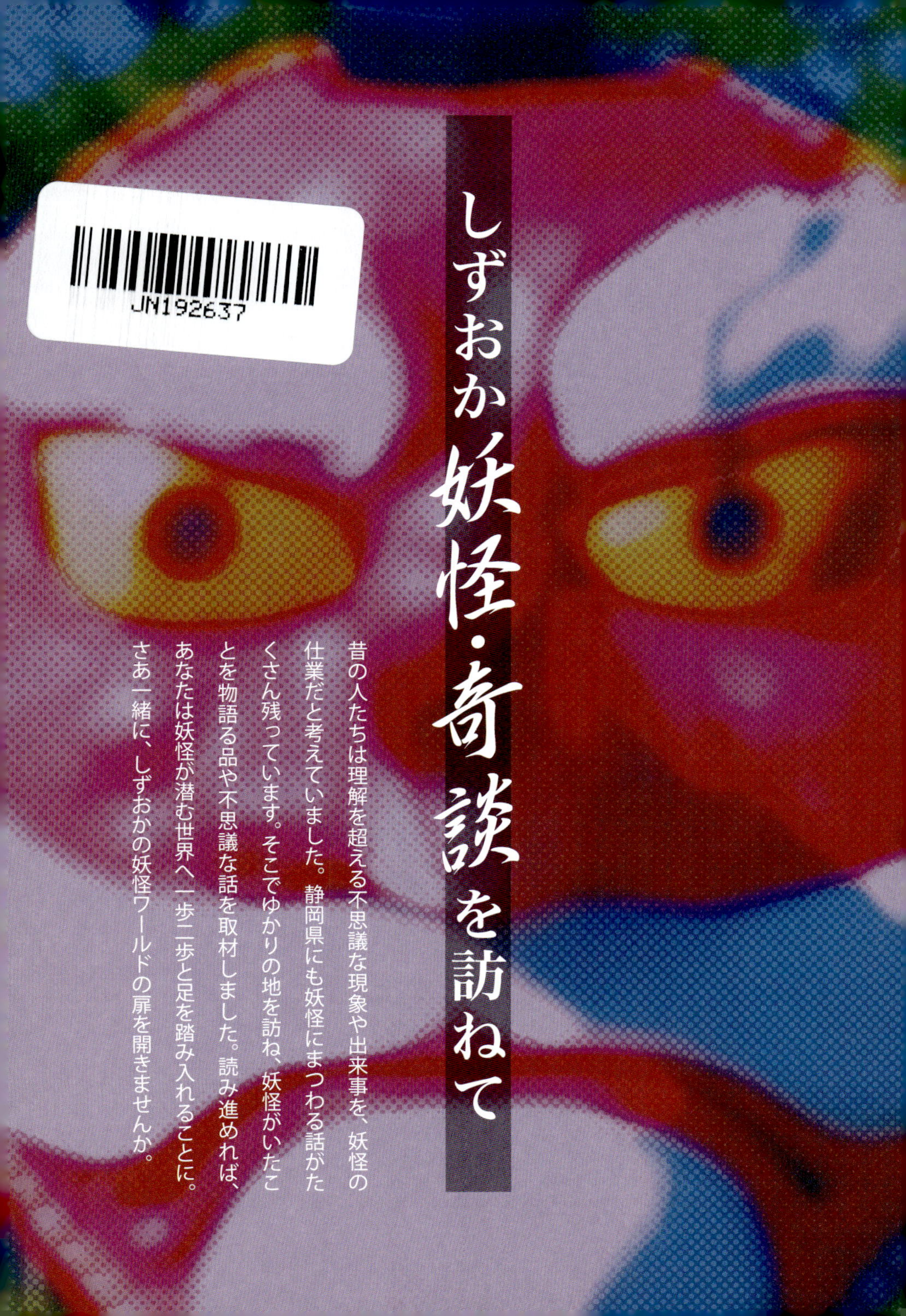

しずおか妖怪・奇談を訪ねて

昔の人たちは理解を超える不思議な現象や出来事を、妖怪の仕業だと考えていました。静岡県にも妖怪にまつわる話がたくさん残っています。そこでゆかりの地を訪ね、妖怪がいたことを物語る品や不思議な話を取材しました。読み進めれば、あなたは妖怪が潜む世界へ一歩二歩と足を踏み入れることに。さあ一緒に、しずおかの妖怪ワールドの扉を開きませんか。

※本文で紹介の話は、ストーリーが複数あるものは代表的なものを基に再話しました

正誤表

誤	正
P3　鬼のいた場所	
食人鬼（静岡市葵区）	食人鬼（静岡市駿河区）
P69　欄外住所	
静岡市葵区宇津ノ谷	静岡市駿河区宇津ノ谷

妖怪図鑑

女郎ぐも

特　徴 滝壺にすみ、美しい女性の姿に化ける。糸を絡めて水中に引きずり込む

出現地 伊豆市

事　件 滝壺に引きずり込まれそうになったり、出会ったことを人に話した男は命を取られた

詳細は30.31ページ

巨大ガニ

特　徴 1000年以上生きている大滝の主。夜は時々、山や海へ出かける

出現地 西伊豆町

事　件 滝壺に落ちて死んだ兵太という男がいたが、どうやら滝の主に引きずり込まれたようだ

詳細は33ページ

雷獣

特　徴 激しい雷雨の時に出現。イタチ科で体長約60㎝、雲に乗り空を飛び回る

出現地 掛川市

事　件 落雷とともに境内に落ちて大けが。手当てのお礼に、不思議なおへそを置いていった

詳細は34.35ページ

海坊主

特　徴 海入道とも呼ばれ、海中から現れて漁船を転覆させようとする怪物

出現地 御前崎市、湖西市

事　件 御前崎の漁港では8月13日の夕暮れによく出現。「えながを貸せ」と叫び追いかけてきた

詳細は37ページ

やまんば

特　徴 口が耳まで裂けた、鋭い目の老婆。優しいときもあるが、時々、人間を食べるので注意

出現地 浜松市

事　件 機織りや子守りを手伝ってくれた老婆が豹変、村人に危害を加えるようになり退治した

詳細は38.39ページ

袈裟切り地蔵

特　徴 見た目は普通のお地蔵さまだが、夜になると大入道や一つ目小僧に化ける

出現地 湖西市

事　件 侍が化け物を一刀のもと斬り捨てると、翌日、袈裟切りされたお地蔵さまが見つかった

詳細は36ページ

蛇身鳥

特　徴 頭は鳥で体は大蛇、大きな羽は鋭い刀を編んだように鋭利。別名「やいばのきじ」

出現地 袋井市、掛川市

事　件 小夜の中山峠に出現。夜道を歩く人を襲うため、一時、近くの日坂宿の利用者が激減した

詳細は40.41ページ

妖怪図鑑

化けねずみ

特徴 和尚を食い殺そうとしたねずみの怪物。対決したのはお寺で飼われていた普通の猫

出現地 御前崎市

事件 危険を察知した猫が怪物と闘った。それぞれを埋葬した「猫塚」「ねずみ塚」がある

詳細は48.49ページ

一碧湖の赤牛

特徴 湖にすむ年老いた赤牛。娘に化けて若者を池に誘い込んだり、舟をひっくり返したり

出現地 伊東市

事件 村人を困らせるため、和尚がお経を上げ、湖の中にある小島に閉じ込めた

詳細は51ページ

ぬえ

特徴 頭は猿で、虎の体に蛇の尾。「ヒョーヒョー」と気味の悪い声で鳴く。平家物語にも登場

出現地 伊豆の国市

事件 平安時代、毎夜宮中に現れ、天皇を苦しめていた。そこで弓の名手、源頼政が退治する

詳細は86ページ

たぬき和尚

特徴 外見も行いも立派な和尚だが、正体はたぬき。とにかく犬が大嫌い

出現地 富士宮市

事件 輿で移動中、大きな犬に襲われて大騒ぎに。後には法衣を着た大たぬきが息絶えていた

詳細は53ページ

河童

特　徴 水の中にすみ、おかっぱ頭の上にお皿がある。いたずらが度を超すときは危険

出現地 静岡県内各地

事　件 助けてもらったお礼に瓶や茶壺を持ってきたり、秘薬の作り方を教えてくれたことも

詳細は8～15ページ

天狗

特　徴 深山にすみ、赤い顔に高い鼻、山伏の白装束姿で一本歯の高下駄を履いている

出現地 静岡県内各地

事　件 伊東市では悪さばかりしていた天狗が、2900字に及ぶ詫び証文を書く。お寺に現存

詳細は16～22ページ

龍

特　徴 空にも水中にもすみ、鳴き声によって雷雲を呼び、自在に飛翔するといわれている

出現地 静岡県内各地

事　件 袋井市では彫刻から龍が抜け出して田畑を荒らすため、胴を斬り、動きを封じた

詳細は60～66ページ

鬼

特　徴 一般的に巻き毛の頭に角、口にきばがあり、ものすごく怖い形相をしている

出現地 富士宮市、静岡市、藤枝市

事　件 富士宮市では鬼が出没し悪さを重ねた。村人が団結して火薬でこっぱみじんに

詳細は68～71ページ

I LOVE 河童

河童は全国各地に伝わる日本特有の妖怪。川や池、海などの水の中にすみ、地上歩行もできる。童子と泥亀（すっぽん）を合わせた姿で、おかっぱ頭の上にはお皿があり、それが乾くと神通力を失うという。水かきを持っていて泳ぎが得意。体の色は青黒色か灰色が一般的。その正体は諸説あるが、水神さまの成り代わりといったものが多い。その行動は川で遊ぶ子どもや家畜を水の中に引きずり込んだり、尻の穴から手を入れて「尻子玉」を抜き取ったりする恐ろしい習性を持つ半面、義理堅く、いたずら者だったりする。相撲を好み、恩返しに田植えや草刈りを手伝い、薬の作り方を教えたり、魚を届けたりもしてくれる。静岡県内では伊豆の河津町や北遠地方、静岡市清水区に有名な話が残る。

稚児橋の名は、「河童」から子どもを指す「こわっぱ」、そして「稚児」という言葉遊びの要素を感じる

橋の欄干にも河童のレリーフが

河童が愛用？「河童のこしかけ石」。五つの石は駿府城築城のため伊豆から水路で運ばれ、落ちてそのままになったと思われる（稚児橋たもと、「楠楼」入り口）

静岡市清水区　巴川の河童

渡り初め、招待してもいない河童が一番乗り

慶長6（1601）年、徳川家康により東海道が定められ、江尻宿（静岡市清水区）が整備されました。当時、架橋には幕府の許可が必要だったため巴川には橋がなく、6年後の慶長12（1607）年にようやく橋が架かることになりました。

橋が完成した渡り初め式の日、長寿がめでたいからと選ばれた土地の老夫婦が橋を渡ろうとしたときです。突然、おかっぱ頭の子どもが現れ、二人の横を通り過ぎスタスタと橋を渡り始めました。そして、そのまま府中（静岡市葵区）の方へ歩いていってしまったのです。どうやら巴川にすんでいた、いたずら好きの河童が子どもに姿を変えて飛び出してきたようです。

慌てたのは代官。大事な式がかき乱されて困り果てました。そこに「あの子は、きっと神のお使いじゃ」という声が見物人の中から上がりました。「神様に仕える稚児が渡った橋なら縁起が良く、私の面目も立つ」と代官はすぐさまその意見を採用。そこから稚児橋と名付けられたということです。

稚児橋は、その後、何度か改修され、現在の橋は平成13（2001）年に架け替えられたものです。

さて巴川の名前の由来ですが、当時の川の流れがぐねぐねと曲がっていた様子から、また上流の麻機で、河童に孫を水中に引きずり込まれたおばあさんが龍神となって戦った時、水が渦を巻いた様子が巴（ともえ）のようだったことから付けられたともいわれています。

清水銀座通りの和菓子屋「甘静舎」で見つけた「河童まんじゅう」とメレンゲ製「河童の屁」

稚児橋

場所　旧東海道。清水区江尻町と入江1丁目の中間

電話　054-221-3038（静岡県交通基盤部河川砂防局河川企画課）

河津町

河童の瓶

河童からもらった瓶《かめ》からせせらぎの音がする

川には河童に驚いた馬が付けたという蹄の跡が残る石があったが、大きな台風で流されてしまったそう

早春の河津桜まつりで知られる河津川は、かつては木々がうっそうと生い茂り、深い淵には河童がすんでいたそうです。河童は村人たちにいたずらしたり、時には水中に引っ張り込むこともあり、みんなたいへん困っていました。

ある夏の夕方、川のほとりに建つ栖足寺（せいそくじ）の普請（工事）の手伝いをしていた村人たちは、川で馬や道具を洗っていました。すると突然、1頭の馬がいななき、後ろ足を高く蹴り上げたのです。よく見ると、馬のしっぽに河童がしがみついていました。「悪さばかりするいたずら河童め。殺してしまえ」。村人たちは口々に叫び、棒で河童を叩いたり、足で蹴ったりしました。

そこへお寺の和尚がやってきて、「今日は

川のせせらぎの音がするという河童の瓶。寺では河津桜まつりの頃、「カッパ展」を開催する

寺の普請の日だ。殺生はいけない。わしが河童を預かろう」。そうして村人たちがいなくなると、「これ河童。助けてやるからどこか遠くへ行きなさい」と言って、河童を逃してやりました。

その夜のこと。誰かがお寺の雨戸を叩きます。和尚が開けてみると、昼間助けた河童が立っていました。「今日は助けていただいてありがとうございました。これはお礼のしるしです。この瓶の中に河津川のせせらぎを封じ込めました。瓶の口に耳を当てるとせせらぎが聞こえます。音が聞こえる限り、わたしが元気でいると思ってください」。そう言って大きな瓶を和尚に差し出し、立ち去りました。それからというもの、河津川に河童が出ることはなくなりました。時折、和尚が瓶の口に耳を当ててみると、サラサラと川のせせらぎの音が聞こえ、河童が無事でいると思うのでした。

寺の境内には河童の像がある。ハチ公の像を製作した彫刻家の安藤士（たけし）氏の作

河童にもらった瓶は国宝級の焼き物だった!?

河津川はいまでもところどころに深い淵が残り、河童がすんでいそうな雰囲気です。元応元（1319）年創建の禅寺・栖足寺に、河童からもらった瓶があると聞き見せていただきました。瓶は黒褐色で形状は茶壺。高さ50㎝ほどもある想像以上に大きなもの。33代目の千葉兼如住職によれば、この瓶は古瀬戸風の焼き物で、瓶の底には「祖母懐加藤四郎左衛門」と記銘があります。加藤四郎左衛門は瀬戸、美濃では陶工の本家の陶祖として知られる伝説的な人物で、本当に翁が作ったものならば国宝級の瓶ともいえる、ということでした。

早速、瓶の口に耳を当て、音を聞いてみることに。「心を静め、集中して耳を傾ければ、遠くのほうにせせらぎの音が聞こえます」と住職。蚊のモスキート音と同じで、小学生など若い人のほうがよく聞こえるそうです。耳をすましてみたところ、かなり遠くの方でサーサーという音がかすかに聞こえたような…。その音がせせらぎの音だとすると、700年経った今も河童は元気でいるということなのでしょう。

「河童の瓶」の話は河津町民にはよく知られていて、小学校の社会科見学でお寺を訪れることもあるそうです。「この昔話は、殺生をしてはいけない、感謝の気持ちを持つということを教えています。また、本当の教えは文字や言葉によるものではなく、じかに心へ伝えるもの。五感で感じること、という禅の教えに通ずるものでもあります」という住職の言葉が心に残りました。

栖足寺

場所　賀茂郡河津町谷津256　電話　0558-32-0896

備考　河童の瓶を見学したい場合は事前に連絡を

富士市

河童の茶壷

災害から寺を守り続ける律儀な河童

富士市吉原にある唯稱寺（住職・澤崎博明）は、江戸時代初期の1607年に開かれたお寺です。当時は現在の鈴川から今井の辺りにありましたが、海に近かったため高波で被災し、1639年に依田橋付近に移転しました。これはその頃の話です。

ある晩、和尚の枕元に白いヒゲを蓄えたおじいさんが現れて、こう言いました。「私は和田川の川下にすんでいる河童です。先日の洪水で、河童橋の近くにあるすみかに馬鍬（まぐわ＝農具）がひっかかり、ゴミが絡んで子どもたちが出入りできなくて困っています。どうか馬鍬を取り除いてください」。翌朝目覚めた和尚は、小僧を連れて河童橋へ出かけました。すると夢に出てきた河童の言うとおり、土手の下のほうに馬鍬がひっかかっている場所があったため、力を合わせて馬鍬を取り除きました。その晩、夢の中に再び河童が現れ、「馬鍬を取り払ってくれて、ありがとうございました。お礼に私が川底で拾った茶壷を置いていきます。これからは唯稱寺が火事や水害などの災難に遭わないよう、ずっと私がお守りいたします」と言って消えました。次の朝、玄関には小さな茶壷が置かれていました。以来、河童の約束どおり、唯稱寺は幾度かの火事でも難を逃れ、隣の家まで火が迫ってきた時も不思議と寺の建物は燃えなかったそうです。

その後1680年に再び大高波に襲われ、吉原宿はさらに内陸部の現在の地区に移転します。唯稱寺も吉原宿と共に2回の移転を経ていますが、河童からもらった茶壷は、今もお寺の宝として大切に保管されています。また平成12（2000）年に新築された本堂の屋根には堂々とした河童の像が飾られており、寺と河童の深いつながりを象徴しています。茶壷は非公開で、18代目住職の澤崎博明さんも、これまでに2、3回しか包みを開けたことがないそうです。茶壷も河童も人々に姿は見せないものの、どこかで唯稱寺や吉原の町を見守ってくれているにちがいありません。

河童からもらったといわれている茶壷。手のひらに乗るくらいの大きさで、茶入れと推測される

本堂の屋根にそびえる河童の飾り瓦。青空を背に、寺を訪れる人たちを見守っている

泉流山　唯稱寺（ゆいしょうじ）

場所　富士市吉原3-6-10（吉原商店街近く）　電話　0545-52-1655

備考　茶壺は非公開。本堂屋根にそびえる河童の像は自由に拝観可

浜松市東区　河童のこう薬

斬られた手と交換した、河童直伝の秘薬とは

河童は川岸で人や馬を川に引きずり込んだり、人の尻の穴に手を突っ込んで「尻子玉」を抜き取ったり、いたずらが度を超すことがありました。尻子玉とは、人間の肛門内にあると信じられてきた架空の臓器で、抜かれると〃ふぬけ〃になるといわれていました。

天竜川の西岸、江戸時代の橋羽村（現・浜松市東区安間町辺り）で村人が田んぼの草取りに出かけ、安間川の土手で休んでいた時のことです。昼食後に気持ち良くうたた寝していると、川から河童が出てきてその村人の両足を引っ張り、川に引きずり込もうとしました。慌てて持っていた鎌で振り払うと、河童は水の中に消え、足元に片手が落ちていました。「危ない。もう少しで尻子玉を抜かれるところだった」と言いながら、村人は河童の手を持って家に帰りました。

その夜、河童が現れて「その手を返してください。お礼に、はれ物がすぐ治る薬の作り方を教えます」と懇願しました。村人が手を返してやると、河童は大喜びで薬の製法を説明しました。そこで村人がその薬を作ってみると、おできや皮膚病にたいへん効果があり、それ以来この家は「橋羽の河童こう薬」がある薬店として大評判となったそうです。

このように河童から、手を返してやったお礼に秘薬の作り方を教えてもらった例は全国各地に残っています。骨接ぎの薬や傷薬、湿布薬の話が多く、静岡県下では伊豆市天城湯ヶ島の「相磯家相伝のこう薬」や、浜松市天竜区佐久間町の「河童の目薬」などが知られています。しかし、西洋薬の普及や根拠のない由来で効能を訴求することはできないという薬事法から、全国にあった河童と名が付く薬は消えていきました。

天竜川のすぐ西側を並行して流れる安間川。安間町辺りは住宅街の中を流れているが、天竜川と合流する河口付近（浜松市東区老間町）はまだ、河童が出てきたころの情景をとどめている

河童コレクション

ギネス世界記録認定 1万点にのぼるコレクションが並ぶ

全国から河童ファンが訪れる「龍ちゃんのカッパ館」は、館長の北野龍雄さんが長年集めてきた河童コレクションがぎっしり詰まったスポットです。河童を求め、北海道から九州まで訪ね歩き、その数なんと1万点以上。絵画や彫刻、陶器などの高価なものから作家へオーダーした

床から天井までその数に圧倒される

マンホールのふた

浜松市北区都田町、「農集排（農業集落排水）処理施設」の区域内では、かわいい河童のイラストが描かれたマンホールのふたが使用されています。これは都田川にいた、いたずら好きの河童を和尚が懲らしめ、詫び証文を書かせたという伝説に基づき、地元中学生が図案化したものです。

電話
053-922-0038（浜松市天竜上下水道課）

一点もの、また、お土産物屋で購入したという民芸品やキーホルダーまで河童と名が付くものはなんでも収集の対象に。「黄桜酒造」の河童のイラストで知られる清水崑や小島功の作品も、原画を始め酒器などの小物が並びます。

「3歳の頃、山に行った時に一度、河童に遊んでもらったことがある」と館長。来場者にも「河童に会ったことがある」という方が時々いて、「ここなら信じてもらえる」と目撃した時のことを話していくそうです。1～2時間かけてじっくり見学するのがおすすめです。

昔は各地のお土産物屋で河童のこけしが手に入ったそう

サッカーや野球の試合をするのは河童。選手、観客あわせて1試合、約250体

漫画家の水木しげるなど有名作家の作品も間近に鑑賞できる

龍ちゃんのカッパ館

場所　焼津市大住746-2　電話　054-629-8131

備考　8:30～17:00、無休。大人300円、子ども200円

大福寺の襖絵

池泉回遊式庭園、家康にも献上したという「大福寺納豆」で知られる大福寺。客殿の襖絵には、何百という河童が！ 手がけたのは遠州信用金庫の理事長も務め、河童の絵描きとしても知られた内山牛松氏（1913～1999年）。境内にあるご神木のイチョウの大木や、老松の下で説法する和尚の周りに集まる光景を8枚にわたり描いています。鑑賞したい場合は事前予約を。

場所　浜松市北区三ヶ日町福長220-3

電話　053-525-0278

天狗伝説

天狗は深山にすみ、赤い顔に高い鼻、山伏の白装束姿で一本歯の高下駄を履いている。手には葉団扇を持ち、山道を駆け抜けるのも早いが、翼を使って木から木へ飛び移るのも軽やかで早い。鼻が高いのを「鼻高天狗」、鼻先がとがったのは「烏天狗」「木の葉天狗」という。山の神と関係が深く、春野町の秋葉山をはじめ、霊峰には天狗がいるとされた。平安時代以降に登場し、土着の山岳信仰と仏教が融合した「修験道」の仲間のように見え、逆に修行を妨げるような存在でもあった。天狗は仏敵という位置付けでありながら、信仰の対象になる神でもある。日本神話に登場する猿田彦はその容姿から天狗の原形とする説があり、祭礼の神輿渡御で天狗面をかぶり、先導役を務めることがある。また平地から見て、山で起こる怪異な現象は天狗の仕業と呼ばれた。

春野文化センターの駐車場には縦8m、横6m、鼻の長さ4mの日本一の天狗面がある。1958年の神戸エキスポで使われたものを譲り受けた

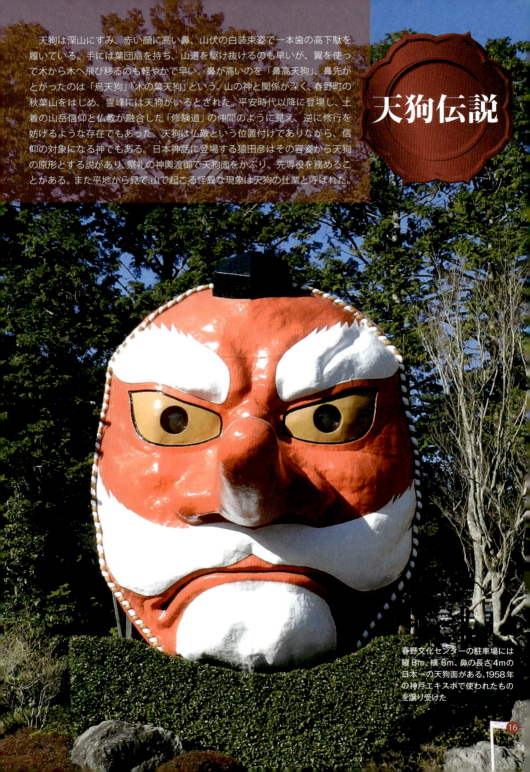

浜松市天竜区　秋葉山の大天狗

高下駄履いて、東西南北の山をひとっ飛び

春野町の気田川の河畔に、一本歯の高下駄のモニュメントがある。天狗の大きさが推し測られる

春野町の秋葉山には古くから大天狗がすんでいると信じられ、全国のあちこちで火事が起こると超スピードで駆けつけて火を鎮め、人々から大きな信頼を寄せられていました。山の尾根伝いに猛烈なスピードで走り、ある時は背中の羽を広げて大きな山もひとっ飛び、目にも止まらぬ速さで移動。東西南北に飛び立つたびに、秋葉山の下を流れる気田川をステップとし、そこに残された高下駄の跡から推測するに、背丈はおそらく10mはあったものと思われます。

こんな話が残っています。京都の御所が火事になった時のこと。手が付けられないほどの火の海になったので「そうだ、こういう時は遠州の秋葉大権現を呼ぼう」と人々が口々に言い、祈り始めました。すると間もなく大きな音とともに大天狗が現れ、すぐに火の中に飛び込み、あっという間に火を消してくれたということです。

こうした火伏せの大天狗のうわさは津々浦々に流れ、秋葉大権現として火災の起こりそうな場所、台所や火を扱う作業所などにまつられるようになりました。また全国各地に「秋葉講」という信仰組織が生まれました。講（仲間）の代表は年に1回、御札をいただきに秋葉山詣でに出かけました。この目的なら関所も通過しやすかったため、江戸時代の後半には伊勢参り、金比羅参りと並ぶ人気ツアーでした。おかげで秋葉街道と呼ばれる街道が遠州地方に網の目のように発達しました。街道の目印はところどころに灯された秋葉灯籠で、今も数多く残っています。天竜川伝いの山の中腹、秋葉山へと続く街道は幅1・5m足らずでしたが、多い日には1日に数千人もの参詣者が歩いたそうです。街道沿いには道者宿や名物まんじゅう屋もできました。

一方、分祀した神社もたくさん増え、東京「秋葉原」の地名も秋葉山信仰に由来します。明治2（1869）年の大火の後、火災延焼を防ぐ空き地（火除け地）が設けられ、社が創建されました。人々は「火伏せの神といえば秋葉大権現」ということから、秋葉さんのある原っぱ＝「秋葉っ原」と呼び、それが定着したものです。

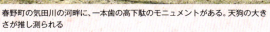

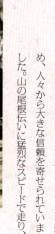

秋葉山頂から見下ろす気田川の流れ

標高 866mの秋葉山の頂上にある秋葉山本宮秋葉神社・上社

神仏2カ所に分かれても同様にパワースポット

江戸時代までは神仏習合の考え方（神社もお寺も一緒のところにあってよいという考え）が当たり前でしたが、明治時代に入って神仏分離令や廃仏毀釈（はいぶつきしゃく）により、総称「あきはさん」と呼ばれていた春野町の霊場から、秋葉寺（しゅうようじ）のご神体「秋葉三尺坊大権現」は袋井市の可睡斎に移されました。三尺坊は778年、戸隠・教釈院に生まれた実在の人物で、修行の末、自ら鳥のごとく両翼を持つ天狗となり、1匹の白狐にまたがって遠州秋葉山にとどまったといわれています。

現在、秋葉山本宮秋葉神社（上社・下社）では「火之迦具土大神（ひのかぐつちのおかみ）」を、可睡斎では「秋葉三尺坊大権現」をまつっています。いずれも火伏せの神で、12月に火まつりが行われます。

上社には秋葉大権現の霊験にあやかろうと、絵馬の奉納やおみくじ、開運皿投げなどがある

和菓子屋「月花園」の「天狗まんじゅう」「秋葉山もなか」はお土産に最適

春野文化センターそばの橋の欄干にも天狗のモニュメント

可睡斎の境内に秋葉三尺坊大権現と大天狗のブロンズ像が立つ

春野文化センター
場所　浜松市天竜区春野町宮川 1768
電話　053-989-0200

秋葉山本宮秋葉神社（上社）
場所　浜松市天竜区春野町領家 841
電話　053-985-0111

秋葉総本殿 可睡斎
場所　袋井市久能 2915-1
電話　0538-42-2121

掛川市

天狗の爪

家宝として大切にされた小笠山の天狗の爪

エコパ（袋井市）のある小笠山総合運動公園から東方、掛川市小笠山にかけては、標高200m級の山々が続いています。この付近には江戸時代から、畑を作るために開墾していると長さ3〜5㎝の天狗の爪とされるものが出てきて、人々はそれを「小笠山の天狗様のお爪」として神棚にまつっておく風習がありました。特に戦争へ出かける時にお守りとして所持していくと、鉄砲の弾に当たらないというご利益があったということです。

さてこの天狗の爪ですが、37年間この地方の化石を発掘、研究している静岡県地学会会員の鈴木政春さんによると「今から180万年前にできた掛川層群から出てきます。国際的にも有名な鮮新世の地層で、当時この辺は海の中でした。これはジョーズの歯。体長が5m以上で、人が立った状態でもぱっくり食べられるほど大きな口の、今よりはるかに大きいホオジロザメですね」とのこと。天狗の爪でないのは残念ですが、サメが泳いでいたと昔の人が聞いたら、天狗以上に驚いたことでしょう。

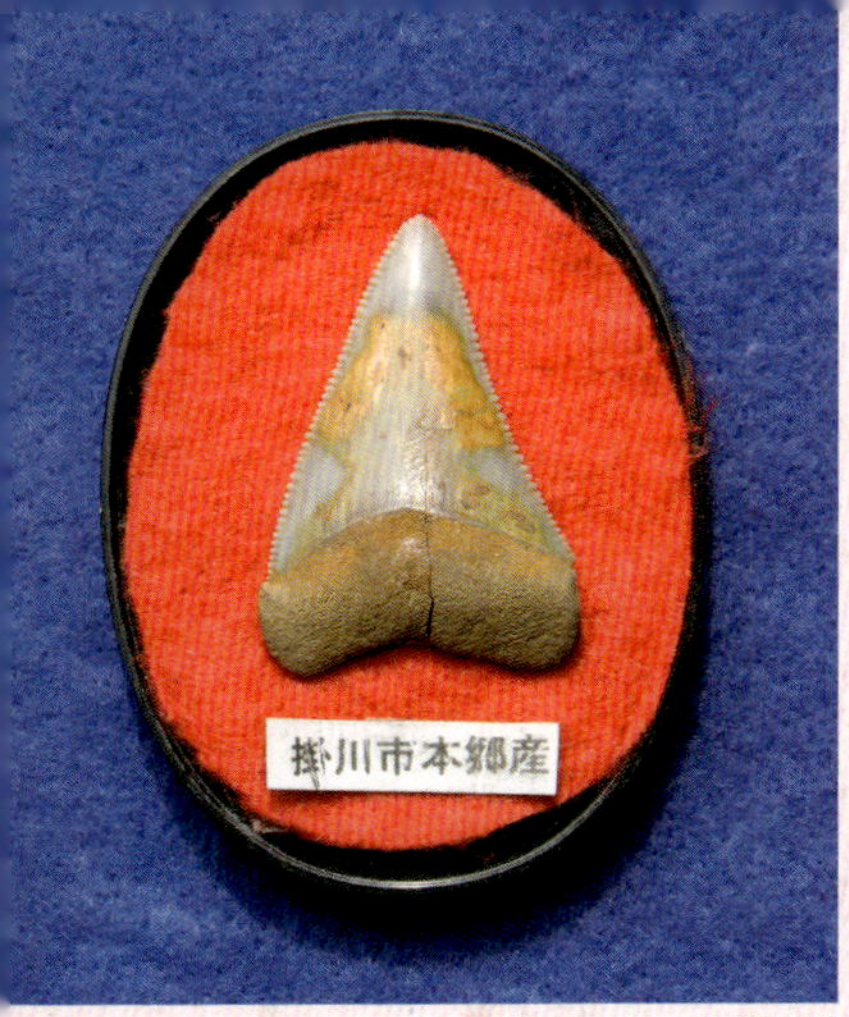

長さ3〜5㎝の天狗の爪

鈴木さんが旧自宅を改造してつくった「スズキ化石資料館」

数々の貴重な化石も並ぶ

小笠山にすみついた天狗

その昔、小笠山の西の村に横笛を上手に吹く小大夫という少年がいました。ある日突然、小大夫がいなくなり、探した結果、大きなエノキの根元に草履がそろえて置いてあり、木の上には「小笠山多聞天狗となり、この村の守りとなる」と書いた紙がありました。それ以来、よく晴れた日などに笛の音が聞こえるようになったそうです。

スズキ化石資料館

場所　袋井市国本 2949-5　　電話　0538-42-4767

備考　見学は前もって予約が必要（入場無料）

詫び証文の長さは 3 メートル以上。今は台紙に貼ってあるが、元は和紙のような薄い紙に書かれていた

解読不可能！天狗が書いたお詫びの手紙

伊東市　天狗の詫び証文

万治元（1658）年の頃の話です。伊東と中伊豆を結ぶ柏峠に天狗がすんでいました。峠道は山深く険しいながら、海の幸、山の幸を運ぶ交通の要でした。天狗は峠を通る旅人を見つけると突然空から舞い降りておどかしたり、きこりの斧を奪って困らせたり、いたずらばかりしていました。困り果てた里人たちは相談して、名僧として名高い佛現寺の日安上人に天狗を追い払う祈祷をしてもらうことにしました。

柏峠に向かった上人は天狗のすみかと思われる松の大木を見つけ、その根元で七日七晩読経を続けました。すると満願の日、一陣の風が起こり、天狗が木の上から降りてきたのです。天狗は山伏姿で赤い顔の真ん中には長い鼻がついていました。上人は素早くその大きな鼻をひねると、びっくりした天狗はブワッと飛び上がり、木の上に

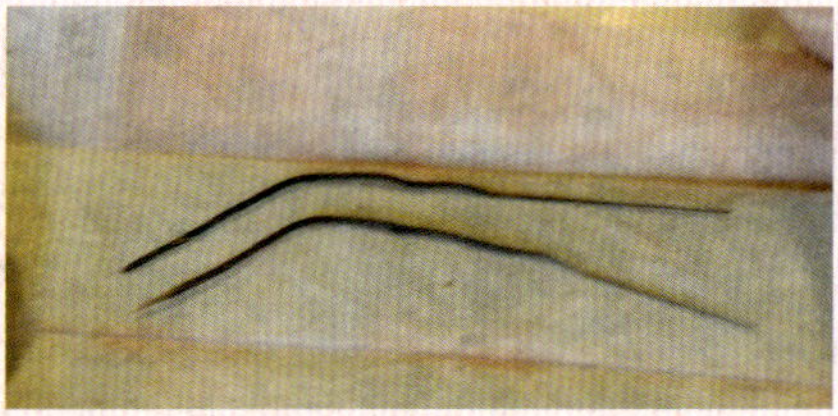
呪文を唱え、ヒゲの根本が動けば凶、先端が動けば吉とのこと

玉屋の先代・庄司忠夫さんが、佛現寺で本物の詫び証文を見て作った練り羊羹540円、天狗最中　各162円

逃げてしまいました。そこで上人はきこりを呼んで松の木を切り倒そうとしたところ、突然あたりの枝葉を揺らす強風が起こったかと思うと、バリバリバリッと大きな音をたてて松の大木は谷へ向かって倒れていきました。上人もきこりも驚いて谷底をのぞきこんでいると、空からひらひらと巻紙が舞い落ちてきました。拾ってみると文字のようなものが書かれていますが、誰にも読むことができません。

それから柏峠に天狗が現れることもなくなりました。この巻紙は天狗が書いた「詫び証文」に違いないと伝えられ、佛現寺で大切に保管することになりました。

深く反省した天狗が書いた手紙は2900文字におよぶ

伊東市の高台にある佛現寺は、日蓮聖人が『立正安国論』を著し、鎌倉幕府の怒りに触れて伊東に流罪となった際、川奈の漁師に救われて3年間を過ごした草庵跡です。

天狗が残した詫び証文は佛現寺に今も保管されていて、取材ならば、と本物を見せていただきました。巻紙は長さ3・13mにもおよびます。こんなに長々と詫びの手紙を書くなんて、天狗はよほど反省していたのでしょうか。巻紙には178行、文字（のようなもの）が約2900字、墨のようなもので書かれていて、一字として同じ形がないとのこと。お寺ではいろいろな分野の方に検証をお願いしたそうですが結局解読不可能。となるとやはりこれは天狗文字？　なんだかわくわくしてきます。「一応こちら側が正面とされていますが、ずっと見ていると反対側から見ても読めそうな気がします」と住職の板垣さん。

佛現寺には天狗のヒゲというお宝もあり、これは非公開ですが、特別に写真掲載の許可をいただきました。このヒゲは寺に縁のある方が寄進したもので、吉凶を占うことができる不思議なヒゲです。詫び証文も一般公開はされていませんが、希望があればレプリカを見せてもらえます。

お寺で買える「天狗詫状　練羊羹」は玉屋菓子店のもので、店舗では「天狗最中」も販売。天狗の伝説を巡る旅のお土産に、ぴったりの一品といえます。

佛現寺
場所　伊東市物見が丘2-30　電話　0557-37-2177
備考　詫び証文の拝見希望者は事前に連絡を。お菓子は「和洋御菓子　玉屋」（和田1-6-5）で製造・販売 ☎0557-37-2582

ほかにもこんな妖怪談が!

伊豆の国市 天狗の火

昔、韮山で男の子が行方不明になりました。数日後、捜索を断念して葬式を出しますが、高い木の枝を渡り歩く男の子を見たという人が現れます。天狗の仕業にちがいないと再度探し始めた両親のもとへ、ある夜、青い火がくるくると飛んできて山奥へ誘導します。ふっと火が消えた場所を見ると、わが子が眠っていました。後日、その子が語るには、山で遊んでいたら赤い顔をした長い鼻の男にさらわれ、枝から枝に飛び移ること、風の中を歩くことを教えてもらったそう。両親があまりに一生懸命探すので、帰してもらえたそうです。

清水町 月夜にもちつき

標高76.2m、本城山(ほんじょうやま)の中腹に「天狗岩」という場所があり、月夜には天狗が大勢集まってきて、もちつきをしたそうです。戦国時代には北条氏綱の戸倉城があり、天狗岩は見張り台の役目を果たしました。現在は本城山公園として整備され、遊歩道や山頂展望台、遊具などが設けられています。

富士市 相撲のお礼に漁を手伝う

富士川岸には西側から見ると天狗の顔のように突き出た岩があり、岩の上の木は風がなくても揺れるため、天狗のすみかだと思われていました。一人の漁師が投網をしていると、天狗がやってきて相撲をとろうと誘います。そこで相手をしてやると、お礼に漁を手伝ってくれました。しかし、その日はまったく魚が捕れません。すると天狗は漁師に目をつむらせ、背中に乗せて別の川へ。びくがアユでいっぱいになると、また富士川へ戻ってきました。あれはどこの川だったのかという漁師の問いに、伊勢の鳥羽の川だと答えたそうです。

焼津市 天狗力の徳蔵さん

明治の初め、小川に徳蔵という小柄でさえない男性がいました。ある日、赤い着物を着た体格の良い男性に、一緒に遠くへ行かないかと誘われ、赤い南天の実のようなものをもらい飲んだところ、体が浮き空を飛んだそう。3日間、行方不明になり、戻ってから3日間眠り続けました。ようやく目が覚めると、生まれ変わったように村一番の力持ちになり、天狗力の徳蔵さんといわれたそうです。

浜松市東区 天狗の羽音

魚捕りが好きなある男が天竜川へ出かけたときのこと。その夜はどうしたことか1回網を投げただけで、ざるがいっぱいになりました。大喜びで帰路につくと、耳元でヒュッと羽が風を切るような音が聞こえてきます。家に帰り布団に入ると、今度は屋根の上で石を転がすような音がして眠れません。仕方なく魚を川へ逃がすと、その音はしなくなったそうです。どうやら天狗が水の中に蓄えておいた魚を男が取ってしまったため、怒って音を立てていたようです。

妖怪ぞろぞろ

波小僧
いけにえ淵の大蛇
大蛇穴
蛇石
女郎ぐも
わら人形
巨大ガニ
雷獣
袈裟切り地蔵
海坊主
やまんば
蛇身鳥
怪物ヒヒと悉平太郎

猫塚・ねずみ塚
奥原の妖怪
一碧湖の赤牛
伏見稲荷のきつね
たぬき和尚
狐こう薬

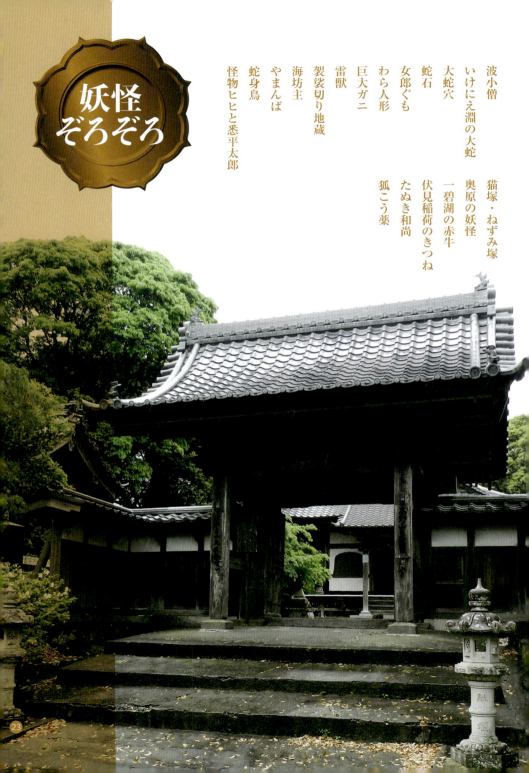

命拾いしたお礼に、大太鼓を叩いて気象を知らせる

浜松市西区　波小僧

松並木が続く旧東海道沿いにある「浪小僧」の像は、太鼓を叩く姿がかわいい

浜名湖から御前崎まで約100㎞にわたる遠州灘海岸は白砂青松の直線的な海岸で、寄せては返す波の美しさでも知られています。沿岸漁業も盛んで、特に舞阪漁港をはじめ御前崎港、福田漁港ではシラス漁が盛んです。潮の流れ、風を読み、漁に臨む漁師たち。彼らは昔から、いち早く気象異変を察知する知恵を持っていました。

その一つに、海がゴーゴーとうなり始めると、近いうちに海上が大荒れになるというものがあります。定期的な波状の音でな

御前崎市にも同じような話が伝わる。浜岡大砂丘の入り口に立つ「波小僧」の像

遠州灘を望む
舞阪の海岸

く、地鳴りに似た轟音が鳴りっぱなしの状態で、「波小僧が暴れている」「波小僧が海底で太鼓を叩いている」といわれてきました。特に静かな夜は不気味で、その音は遠州平野はもちろん、海岸から10㎞、20㎞北の山あいまで響き渡ったといいます。

浜松市西区の舞阪町にはこんな話が残っています。ある夏の天気のいい日、雲の様子や風の吹き具合、潮の色などを見極め、大漁間違いなしと地引網を始めましたが、さっぱり獲物がかからない。「こんな日は今までにない。もう帰ろう」と最後のひと網を入れたところ、見たことのない河童のような薄気味悪い生き物が引っかかりました。

「不漁の原因はお前か！」と怒った漁師たちが殴りかかろうとすると、小さな子どもの姿に変わり、「どうか、命だけはお助けください。代わりにこれから海が荒れる時は、海の底で太鼓を叩いてお知らせします」と懇願します。漁師たちはその言葉を信じて海へ帰してやりました。その後、波の響きが南東から聞こえれば雨や嵐、南西から聞こえれば晴れだということが分かるようになりました。おかげで地引網漁もカツオ漁も大漁が続いたということです。

雨を予告しているのは 波小僧の父親説も

海岸から少し内陸に入った浜松市中区曳馬町辺りに伝わる話は、ある時、少年が田植えをしていると親指大の波小僧が現れて、海へ返してくれとせがみました。聞くと、大雨が続いた時に陸へ上がって遊んでいるうち、日照り続きで帰れなくなったそう。少年は波小僧を浜辺まで連れて行き、波打ち際へ下ろしてあげました。

後日、干ばつのために不作が続き、少年が浜辺で途方にくれていると、助けた波小僧が現れ、「父は雨乞いの名人だから、頼んで雨を降らせてあげるよ。波の響きが南東から聞こえたら、雨が降る合図だから覚えておいて」と言って海の中へ。しばらくすると波の音が変わり、どしゃぶりの雨が降り始めたそうです。

わら人形が波小僧に変身!?

弘法大師にまつわる話で、わら人形が海へ流れて波小僧になったという話もあります。浜名湖東岸地域（西区和地辺り）では、イノシシの被害で農民が困っていた時、弘法大師がわら人形を作りイノシシを脅して追い払います。役目を終えたわら人形を遠州灘へ流すと、天気を知らせてくれるようになったそうです。また、都田川上流では野良仕事を手伝ってくれ、収穫を終えると天気を知らせるように言い聞かせて川に流したということです。

舞阪町「浪小僧」の像

場所　浜松市西区舞阪町、JR 舞阪駅から800ｍ、松並木沿い
電話　053-473-1829（浜松市公園管理事務所）

御前崎市「波小僧」の像

場所　御前崎市池新田、浜岡大砂丘入り口
電話　0548-63-1129（御前崎市社会教育課）

昔、「いけにえ淵」があったとされる場所。日本食品化工富士工場（富士市和田）正門前の新和田川橋から撮影

改心のしるしに、大蛇が残していったウロコ

富士市

いけにえ淵の大蛇

戦国時代末期、徳川家康が駿河の国を支配し、天下取りに向けて勢いを増していた頃の話です。現在の富士市田子の浦港とJR東海道線が接する辺りに、「いけにえ淵」と言われる広くて深い淵がありました。沼川、和田川、潤井川の三つの川が合流するこの淵は三股淵とも呼ばれ、なみなみと水を称えた深い淵の底には恐ろしい大蛇がすんでいるといわれていました。

6月のある日、下総の国（現・千葉県）から京の都を目指して旅していた7人の巫女が、この近くの毘沙門天の茶屋で一息ついていた時のことです。茶屋のおかみが「今年はいけにえ淵の大祭で、くじびきに当たった若い女の旅人を、人身御供として大蛇に捧げることになっている」と言うのです。この地域では、毎年6月28日の大祭日にお施餓鬼（せがき）として3俵分の赤飯を

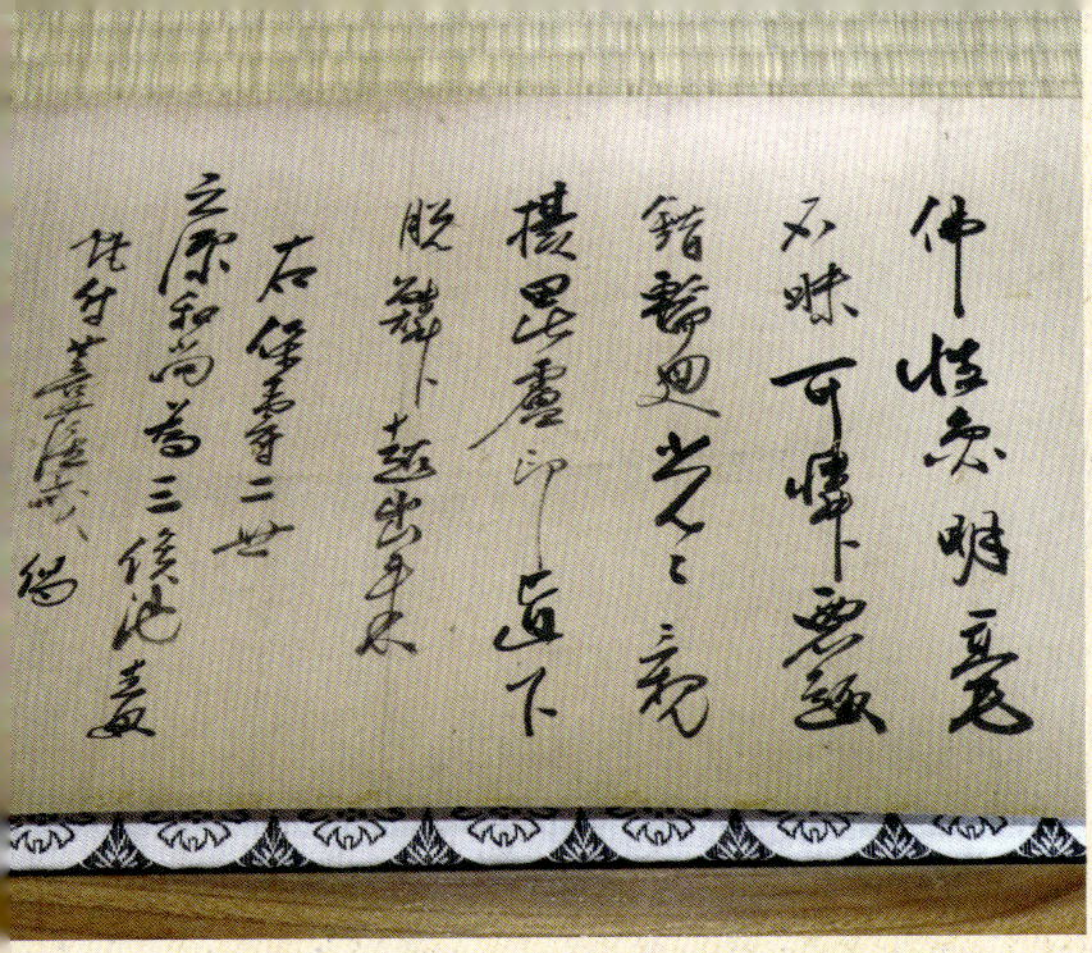

大蛇退治の際の様子を之源和尚が記した書物。大蛇退治は、ごく一握りの学徳、霊力に優れた高僧にしかできない偉業だった

大蛇は「もう暴れません、村人を苦しめません」という証として、ウロコを置いていったのではないかと推測されている

大蛇の供養祭にちなんで作られた位牌。大蛇は夫婦だったとされ、二つの戒名が刻まれている

淵の真ん中に沈め、12年に1度の巳の年には若い娘を人身御供として捧げ、大蛇の怒りを鎮めていました。そうしないと大蛇が暴れてこの地に大難を与えるからです。

家康の命で大蛇を鎮魂 後に残された数枚のウロコ

その話を聞き、7人の巫女たちは青ざめてその場から逃げようとしました。しかし役人がやってきて強引にクジを引かされ、一番年下の巫女のおあじが赤い丸のついたクジを当ててしまいました。おあじ以外の6人の巫女はそれを悲しんで、柏原沼の七曲りに身を投げて死んでしまいました。

一方、おあじが人身御供になる覚悟を決めた頃、淵から少し離れたところにある保寿寺の之源和尚は、徳川家康から大蛇退治の命を受けていました。学徳に優れた名僧で、家康からも絶大な信頼を受けていた人物です。「大蛇がいつまでも村人を苦しめているとはけしからん。なんとしてもその大蛇を退治せよ」。家康から命を受けた和尚は大勢の僧を集め、6月28日に淵の西側の水神森で、大蛇の霊を鎮める調伏の儀式を行いました。精魂をかたむけ、引導を渡すと、空がにわかにかき曇り、淵の水が数十mの高さまで逆巻き、もの凄い轟音が辺りに響き渡りました。やがて淵が静まると、傍らに大蛇のウロコが数枚落ちていました。

之源和尚の大蛇退治で命拾いをしたおあじは6人の巫女たちを追って柏原沼まで来ましたが、彼女たちが既に亡くなったと知り、自分も沼に身を投げてしまいました。命を落とした巫女たちを憐れんだ村人たちは、六王神社（富士市中柏原新田）と阿字神社（富士市鈴川）を建て、彼女たちを神としてまつりました。

大蛇が残したウロコや、大蛇調伏の際に之源和尚が身につけていた法衣、当時の様子を記した書物は、今も保寿寺に大切に保管されています。毎年6月28日には、当時のいけにえ淵があったとされる場所でお施餓鬼を供え、お経をあげる供養祭が行われています。昔と変わらずに豊かな水をたたえる淵の水底には、もしかしたら今も大蛇が静かに眠っているのかもしれません。

富士山 保寿寺

場所 富士市伝法 1661　電話 0545-52-2140

備考 大蛇のウロコ、法衣は非公開ですが、事前に問い合わせれば拝観可。大蛇の位牌は常時拝観可

伊東市　大蛇穴

桜の名所にある不気味な洞穴。頼家の家来が大蛇を退治

　大室山ふもとの大きな岩穴に、大蛇がすんでいたそうです。大蛇は近くの池という村に現れては田畑を荒らしたり、子どもを連れ去ったり、牛や馬を食べたりして、村人を苦しめていました。ある日、鎌倉幕府2代将軍・源頼家が伊豆へ狩りにやってきて、村の者たちが手伝いに駆り出されました。狩りを楽しんだ頼家は、「おかげで獲物がたくさん捕れた。何か礼をしたいのだが、欲しいものがあるか申してみよ」と村人たちに尋ねました。村の長は「実は、大室山のふもとの穴に大蛇がいて悪さをして困っています。その大蛇を退治していただけないでしょうか」と願い出ました。頼家は家来の中で一番勇敢な和田平太胤長（たねなが）に、大蛇を退治するように命じました。

　胤長が大きな太刀を片手に穴へ入って行くと、穴の奥にらんらんと光る目が見えました。大蛇が飛びかかってきたところを、「えいっ！」と叫んで素早く大蛇の首を斬り落としました。ものすごいうなり声を上げ、のたうちまわったあげく、大蛇は息絶えました。それからは池の村には何事も起こらず、平和になったということです。

　伊豆高原の「さくらの里」にある穴の原溶岩洞穴は約4000年前に大室山が噴火した際、溶岩流の通り道としてできた洞窟（洞穴）で最大直径24m、最深15mあります。溶岩洞窟の天井がふさがりきれなかったり、落盤したりすると、このような天窓（穴）ができるのです。

　鎌倉時代に書かれた歴史書「吾妻鏡」によると、建仁3（1203）年の項に源頼家が和田平太胤長に伊東崎の洞穴探検を命じ、胤長が大蛇を退治したとあり、その洞穴がここではないかと考えられています。

　修善寺に幽閉された頼家はその後暗殺され、23歳の若さで生涯を終えました。もしかしたら大蛇のたたりにあったのかもしれません。

現在は立入禁止となっているが、昔は涼を求めて地元の人が穴の中に入ったという

さくらの里

場所　伊東市富戸 1317-4　電話　0557-37-6105（伊東観光協会 伊東駅前案内所）

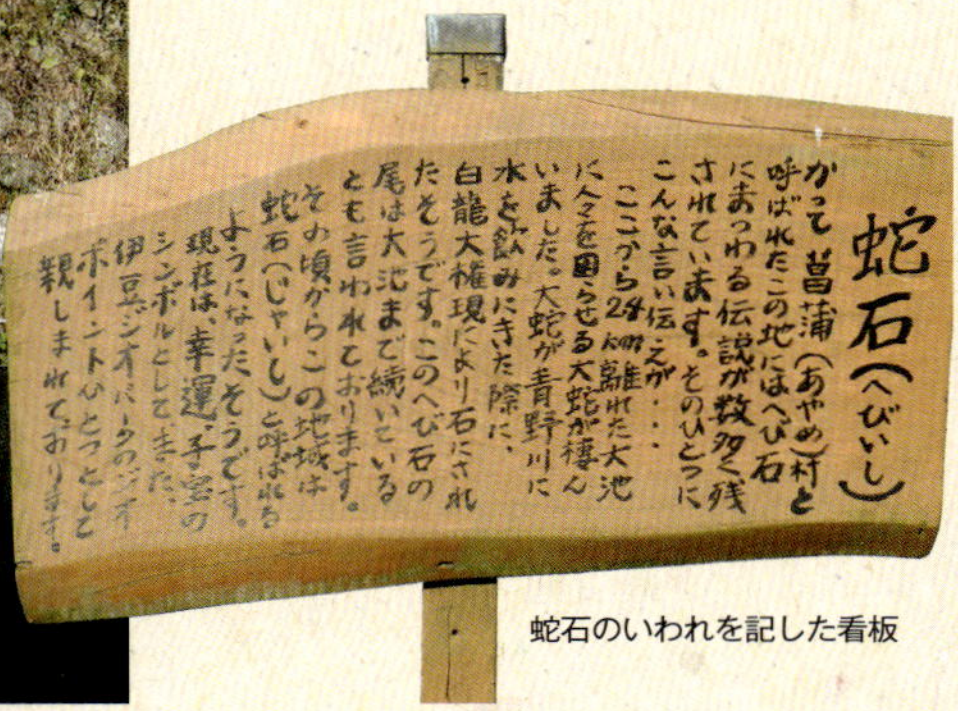

蛇石のいわれを記した看板

石の間から蛇がニョロッと顔を出しているように見える不思議な大岩

南伊豆町　蛇石

遠く離れた大池にしっぽを残し、石に変えられた大蛇

南伊豆町と松崎町の境にある蛇石（じゃいし）峠。ここから2・4㎞離れた「大池」という場所に、大蛇がすんでいたそうです。大蛇は常々、峠道を通る甲州の行商人を狙っていました。しかし腰に刀をつけていたため、なかなか襲う機会がありません。ある日、行商人が刀を持たずに峠道を歩いているのを見逃さず、襲いかかり行商人をがぶりと飲み込んでしまいました。

この行商人には2人の娘がいました。姉妹は父の敵を討とうと弓術に励み、伊豆へ向かいました。そして姉は「姉平」で、妹は「妹ケ原」で待ち伏せます。ある夜、ついに大蛇が！　このときとばかりに矢を放つと、見事に大蛇の両目を射抜きました。痛みにのたうち回る大蛇は青野川近くまできてなおも暴れます。見かねた神様が大蛇を鎮めるため石に変えました。その頭は青野川上流の淵に、尾は大池に残り、その頃から川沿いの一帯は「蛇石（じゃいし）」と呼ばれるようになったそうです。

南伊豆と松崎を結ぶ県道121号線は、蛇が動いているかのようにくねくねと細い道が続いています。ようやくふもとに出たところの青野川の淵に、蛇の形をした大きな石がありました。これが「蛇石（へびいし）」で、約4mの大きさといいます。頭を川に突き出し、口を開いて水を飲もうとしているかのようにも見えます。

蛇ケ挟岩の大蛇

賀茂郡松崎町にもよく似た話が残ります。甲斐の国に住む弓の名人が大蛇退治を試みますが、大蛇に飲み込まれ無念の最期を遂げます。2人の娘は敵を討つため弓術に励み、伊豆へ。大岩の影から放った矢は、大蛇の両目に的中。怒り狂った大蛇は姉妹めがけて突進するも、岩にはさまり動けなくなり息絶えました。その岩が「蛇ケ挟岩（じゃがさみいわ）」、村人が大蛇の骨を葬って建てたのが「蛇骨山大蛇院（現・大地院）」ということです。

蛇石
場所　賀茂郡南伊豆町蛇石（県道121号線沿い、「蛇石」バス停そば）　電話　0558-62-0141（南伊豆町観光協会）

観光客が絶えない浄蓮の滝。
「日本の滝100選」に選ばれている

伊豆最大級の名瀑 浄蓮の滝にすむ女郎ぐも

伊豆市

女郎ぐも

伊豆の天城山中、浄蓮の滝は、玄武岩の岩肌を高さ25m、幅7mにわたって落ちる迫力ある滝です。滝の主は女郎ぐもと伝えられています。

浄蓮の滝の近くに住む与市という男が滝の近くで畑仕事をしていたときの話です。そばにあった切り株に腰を下ろし、たばこを吸って休んでいる間、1匹の女郎ぐもが糸を引いて与市の足の周りをぐるぐると回っていました。気が付くと足には無数のくもの糸が巻かれていました。切ってしまうのがなんだかかわいそうになり、くもの糸を切り株に巻きつけて立ち上がったそのときです。ドドーンという雷のような水音が聞こえ、大地が大きく揺れたかと思うと、ついさっきまで腰かけていた切り株がメリメリメリッと地面から抜けて空中を舞い、滝壺に飲み込まれていきました。与市はあ

資料館に飾られている女郎ぐもの人形は、石川さゆりが紅白歌合戦で「天城越え」を歌ったときの衣装を再現

やうく命を落とすところでした。

それから数年後、他国からやって来たきこりが滝のほとりの大木を切り倒そうとすると、手がすべって持っていた鉈（なた）を滝壺に落としてしまいました。大事な鉈を落としてどうしたものかと滝壺をのぞき込んでいると、どこからか美しい女が鉈を手に現れたのです。「落とした鉈は返してあげますが、私に会ったことを誰にも言わないでください」。そう言うと女は岩陰に消えてしまいました。きこりは女に出会ったことを誰にも話さずに月日が経ちました。

ある晩、村の男たちが囲炉裏を囲んで酒を飲みながら、浄蓮の滝の主は女郎ぐもだ、大きなヤマメだと話しているのを聞いて、酒に酔った勢いもあり、きこりは不思議な女のことを話してしまいました。翌朝、囲炉裏端で横になっているきこりを揺り起こそうとすると、既に体は冷たくなり、決して目を覚ますことはありませんでした。

資料館前には女郎ぐも伝説が英語、韓国語、中国語、スペイン語などの訳で書かれている

エメラルド色の滝壺は吸い込まれそうに神秘的

女郎ぐもは美しい女性の姿に化けるくもの妖怪とされ、女郎ぐもが出てくる妖怪話は各地にあります。形が大きく、黄色と黒の縞模様の足を持ち、大きな網を張る女郎ぐもは、その不気味な形状から妖怪とされてしまったのでしょうか。

駐車場から滝までは階段があり、上りの大変さを除けば、比較的簡単に行けます。真冬でもかなりの水量があり落差もあるので、風が吹くと水しぶきが顔にかかります。滝壺の深さは15m。エメラルド色の神秘的な滝壺に女郎ぐもがすみついていると聞かされてもおかしくない雰囲気です。

浄蓮の滝資料館によると、昔は上中下と三つの滝があり、三階滝といわれていたそうです。その中で一番大きいのが下の滝で、近くに浄蓮寺というお寺があったのでこの名が付いたということです。また、滝への道は明治39（1906）年に開かれたそうで、それまでは人も近づかないようなうっそうとした深林の中にある滝でした。浄蓮の滝が有名になったのは、石川さゆりが歌う名曲に登場したせいかもしれません。

浄蓮の滝資料館

場所　伊豆市湯ヶ島892-14　電話　0558-85-0030

備考　資料館は8:30～17:00、荒天時のみ休業。大人200円、子ども100円。滝は見学無料

沼津市　赤野観音堂

左甚五郎がわら人形に手伝わせて造ったお堂？

愛鷹山の中腹、茶畑の中に静かにたたずむ廣大寺奥の院「赤野（あけの）観音堂」は、江戸初期の建築様式で建てられた沼津市唯一の茅葺きのお堂です。その昔、村を鉄砲水が襲ったとき、赤野観音が事前に避難を呼びかけ、村人の命を救ったという話や、わら人形がお堂造りを手伝ったという不思議な話が伝わっています。

江戸時代のこと、お堂の傷みがひどいので建て直すことになりました。腕のいい大工に頼みたいと話し合っていたところ、ちょうど「眠り猫」の彫刻で知られる名工、左甚五郎が日光東照宮での仕事を終え、故郷の飛騨（現・岐阜県）へ帰るため通りかかりました。国への帰りを急いでいましたが、村人たちの熱心な頼みに心動かされ、仕事を引き受けてくれることになりました。そして左甚五郎は不眠不休の作業を続け、三日三晩の夜が明ける頃、素晴らしいお堂を造り上げました。こんなに短時間で完成できたのは、わら人形に手伝わせて作業をしたからだということです。

お堂は廣大寺から約1・2㎞上った場所にあります。春には桜、秋には紅葉が楽しめ、ウオーキングで訪れる方も多い場所です。屋根の茅葺き以外は創建当初のままで、市指定有形文化財になっています。

ほら貝の抜け跡

廣大寺と赤野観音堂のほぼ中間、川沿いに大きなほら貝がすみついていたという大岩「八畳岩」があります。時々、田畑を荒らすので困っていましたが、嵐の夜、ごう音とともに川を下り、海へ帰って行ったそうです。岩には抜け出たような跡があります。

「駿河一国三十三観音」の第30番札所でもある

木造、茅葺き、寄棟造の平屋建て。本尊は十一面観音像（市指定有形文化財）

赤野観音堂

場　所　廣大寺（沼津市柳沢702）から約1.2km

電　話　055-966-6056（廣大寺）

看板を目印に
山道を下へ

映画『インディ・ジョーンズ』に出てくるような木造の橋を渡る

深い緑色をした滝壺に近づくとしぶきがかかり、マイナスイオンたっぷり

西伊豆町　巨大ガニ

1000年も生きる巨大なカニは大滝の主

西伊豆町大沢里にある「大滝」にはこんな話が伝えられています。兵太という男が滝壺に落ちて死んでから、誰言うこともなくこの滝を「兵太ヶ滝」と呼ぶようになりました。大滝の滝壺には1000年も生きているという巨大なカニがすんでいて、「兵太は滝の主に捕まって滝壺に引きずり込まれた」と人々はうわさしました。

滝の主の巨大ガニは、時々滝壺から這い出しては松崎の長九郎山に獲物を捕りに出かけたり、稲取の海まで遊びに出かけるといいます。静かな夜に、辺りの山が震動し、一陣の風が吹きすぎていく音を聞くと、里の人たちは「そら、兵太ヶ滝のカニが出たぞ」と言って恐れたそうです。

西伊豆町から天城高原へ抜ける県道59号線を脇道へ入り、林道を1kmぐらい進むと「大滝歩道」の看板が立っています。林道からは水の音が聞こえず、この下に滝があるようには思えませんが、山道を3～4分下っていくと、ドウドウという水音がだんだん近づいてきます。木製の橋を渡ると、落差48m、幅8mという大滝が出現。冬でこの水量ですから、夏はさらに迫力ある滝になるに違いありません。伊豆市の名所「浄蓮の滝」が高さ25m、幅7mといわれていますから、大滝は伊豆半島の名瀑の一つといえるでしょう。静寂に包まれ、滝壺を眺めていると今にも巨大ガニが這い出してきそうで、怖さすら感じます。

東伊豆町にも現る

賀茂郡東伊豆町奈良本の池に、20畳ほどの甲羅を持つ大ガニがいたそうです。稲が実る頃、田んぼに出て稲を食べたり、田んぼに大きな穴を開けたりして村人を困らせていました。庄屋の太郎左衛門が家に伝わる弓矢を使って退治したところ、一晩中のたうち回って息絶えました。すると死骸に何千匹もの子ガニが集まり悲しんだので、太郎左衛門は森の中にカニの祠（ほこら）を作ってやりました。そこは「蟹が森」と呼ばれています。

場所　賀茂郡西伊豆町大沢里　**電話**　0558-52-1114（西伊豆町役場観光商工課）
備考　県道59号線からの林道は狭く、整備が行き届いていないため、徒歩で向かうのが無難（約30分）。トレッキングに適した服装でお出かけを

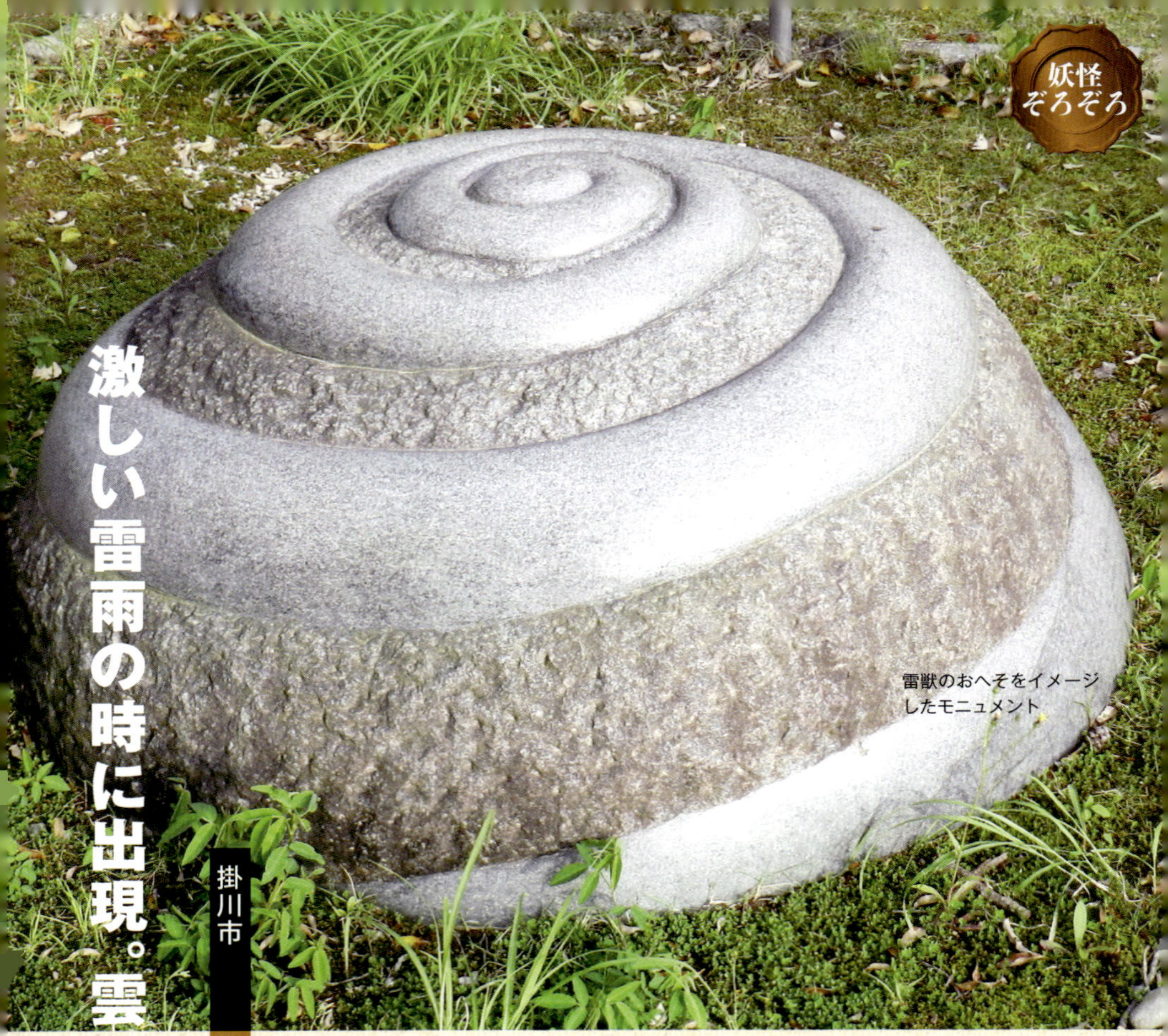

雷獣のおへそをイメージしたモニュメント

激しい雷雨の時に出現。雲に乗って飛び回る

掛川市 雷獣

雷の存在は、現代のように科学で解明できなかった時代には、それはそれは恐ろしく、人智の及ばない悪魔の仕業のように感じていたに違いありません。

全国各地の伝記によると、雷獣（らいじゅう）は落雷の稲妻とともに空から降ってくる獣のような妖怪で、河童と同じようによく知られた存在でした。顔はキツネかネズミのようで、大きさは犬やタヌキより小さく、体長は60㎝くらい。全身は薄赤く黒みがかった体毛が乱生し、足が6本だったり、尾が2本だったりして、手足の爪は鋭く長く、水晶のように輝いて内側に曲がっていたといいます。好物はトウモロコシ。雷獣の放つ妖気に当てられ、一時的な錯乱状態になった人間はどんな薬でも沈静化できないが、トウモロコシの粉末を服用させるとすぐに治ったといいます。

人や自然に危害を及ぼす雷獣も、時には

近未来的なデザインのおへそ!? 実はエコポリス完成を記念して制作されたモニュメント

善い行いをすることもあったことが、掛川市に残っています。

今から400年ほど前、佐野郡薗ケ谷村（現・掛川市薗ケ谷）に印徳寺というお寺がありました。そこへある日、ご神木の大杉も真っ二つに割れる雷が落ちました。するとその根元に大けがをしている雷獣を和尚が発見。手厚く看病したところやがて傷は癒え、雷獣はそのお礼に自分のおへそを外し、「日照りで困ったときは、これを拝むと必ず雨が降ってきます」と言って天に帰っていきました。ある時、日照りが長く続き村人が困っていると、和尚がそのおへそを持って現れました。そして、たらいに水を入れておへそを浸し、その辺りで一番高い、二本松のある山へ登って行きました。村人も後ろに続き、みんなで雨が降るように祈りました。すると3日後、待望の雨が降り始めました。

その後も雨が降らずに困ると、この雷獣のおへそを二本松の山の上に持って行き、みんなで祈ると必ず3日ほど経って雨が降ったそうです。印徳寺のあった場所は現在、薗ケ谷公民館になり、おへそをしまった厨子も不明ですが、昭和23（1948）年の最後の雨乞いで見たという人の話によると、サザエのふたのような形をし、金色の毛が生えていたそうです。祈りを捧げた山はいつしか、「おへそ山」と呼ばれるようになり、安養寺運動公園の一角に大きなモニュメントが造られ、現代に雷獣と雨乞い伝説を伝えています。

高草山にもすんでいた!?

雷獣は、栃木県、新潟県、富山県、長野県などでは、普段は地上の穴にすんでいて、雷が鳴りだすと急に異常な行動に出て、雲に飛び乗ったりする、と伝えられています。静岡県でも1817年（天保時代）阿部正信が発行した『駿国雑誌』によると、高草山（現・藤枝市）にすんでいた雷獣は、激しい雷雨の日には雲に乗って空を飛び回り、誤って墜落する時は、激しい勢いで木を裂き、人を害したと記されています。

安養寺運動公園

場所 掛川市淡陽116　エコポリス内

電話 0537-23-6644（公園管理棟）

湖西市

袈裟切り地蔵

大入道や一つ目小僧に化け、お地蔵さまが人を脅す

湖西市白須賀宿のはずれ、東海道から200m離れた雑木林の中に袈裟切り地蔵を含む首のない六地蔵が並んでいる

お地蔵さまは一番身近な仏さまとして、路傍に立っています。私たちはいつも見守られ、ときに悩みを相談したり、「誰も見ていなくてもお地蔵さまが見ている」と自分を戒めたり、心の拠りどころとしてきました。しかし中には、人間の思い上がりを懲らしめるためか、化けていたずらをするお地蔵さまもありました。

東海道の白須賀宿（現・湖西市）は江戸時代中期に大津波に遭い、集落の半分が流されました。そこで高台に集団移転しましたが、それからしばらくしての話です。

浮世絵師・歌川広重の『東海道五十三次』にも描かれている潮見坂という風光明媚な道に、夜な夜な大入道や一つ目小僧が現れて旅人を怖がらせているとうわさが広がりました。ある夜、浪人風の強そうな侍が「その化け物を退治してみせる」と意気込んで出かけ、一刀のもとに斬り捨てました。数日後、潮見坂近くの墓地にお墓参りに行ったおばあさんが、入り口にあった六地蔵のうち一体が、肩口から胴体にかけて斜めに〝袈裟（けさ）切り〟されているのを発見。あの化け物の正体はこのお地蔵さまだったのかと、宿場中の評判になりました。その後、化け物は現れなくなりましたが、墓地付近は相変わらず昼でも不気味に薄暗く、斬られたお地蔵さまは「袈裟切り地蔵」と呼ばれ、今でもその地に残っています。

お地蔵さまがこのような行動に出た理由は、津波から逃れてきた墓石の一群が放置され、荒れ放題になったため、見るに見かねてのことだったのかもしれません。

この袈裟切り地蔵の話は結末として、斬られた大入道がぽたぽたと流した血の跡をたどっていくと、年老いた大きな狐が倒れていた、という話も残っています。また退治した侍は、後の小田原城主、北条早雲の若き頃だったという説もあります。

街道の面影が残る白須賀の東海道

おんやど白須賀

場所　湖西市白須賀900　電話　053-579-1777

備考　月曜休館（祝日の場合は翌日）

浜名湖湾内で唯一、昔の面影をとどめている入出港

御前崎市、湖西市

海坊主

真っ黒で、まん丸い巨大怪物が漁船を襲う

海坊主は「海入道」ともいわれ、薄暗い夕暮れ時や夜に、漁船のすぐ近くの海中から現われて船を転覆させようとする怪物です。全国に共通するおおよその外観は、漁船を覆うほどの巨大な怪物であること。真っ黒でまん丸い頭をしたのっぺらぼうで、目玉しかないということです。

昔、御前崎港の漁師によると、8月13日の日暮れ時には必ずと言っていいほど現れたそうです。その日、ある漁師が沖で帰り支度をしていると、目の前にガバーッと真っ黒な海坊主が現れ、耳鳴りがするような大声で「えながを貸せ！　えながを貸せ！」と叫んで追いかけてきたそうです。えながとは、船底に溜まった水をくみ出すときに使う柄の長い柄杓のこと。うっかり貸すとそれで海水を船の中に入れられ、転覆させられてしまうと聞いていたので、とっさに底を抜いたえながを差し出し、危うく難を逃れました。この恐怖体験から、せめてお盆の8月13日くらいは殺生を避け、漁を休もうという習慣になったそうです。

湖西市の入出港に残る話は、ある穏やかな月の夜に父と息子が夜網（よあみ）に出かけた時のこと。なかなかの豊漁で、さあ帰ろうとした時、網を引く手が急にずっしりと重くなり、湖水の中から黒くて長い巨大な手が伸びて息子の腕をつかみ、船もろとも湖水の中に引き込もうとしました。慌てて父親が櫂（かい）を手に持ち、水面に出ていた化け物の頭を力いっぱいひっぱたき、九死に一生を得ることができました。

この話はすぐに漁師仲間に広がりました。その後も、夜の浜名湖では「まん丸で真っ黒。鼻も口もなく、ただ二つの大きな目玉でわしをにらんだぞ」と目撃情報が出ました。それからというもの、夜網に出る漁師はなくなったそうです。

信州街道上り口にある、地元の円空彫りのグループが造った「やまんばと三人の子供」

働き者だが、時に恐ろしい形相で人を食う二面性

浜松市天竜区 やまんば

山にすんでいる妖怪の中で、全国的によく知られているのが「やまんば（山姥）」です。口が耳まで裂け、鋭い目の老婆で、自分の領分に入ってくる人間や動物を食べてしまいます。昼間は優しくにこにこしていても、泊めてもらった夜になると、ゲラゲラ笑いながら血を吸う妖怪になるといった話が残っています。

やまんばがすんでいたと広く紹介されたのが浜松市佐久間町の大井地区（福沢、山香）です。民俗学者で有名な柳田國男（１８７５～１９６２）の著書に『山姥奇聞』がありますが、元となったのは天竜の生んだ国学者、内山真龍の書いた『遠江国風土記伝』です。時代は中世の南北朝時代にまでさかのぼります。

福沢の里にやまんばがすんでいるといううわさがありました。しかし、その老婆は村人にとっては優しいおばあさんで、特に

藤のつるから糸を紡いだり、機織りするのを手伝ってくれたり、子守までしてくれるので大助かりでした。ところが、そのうち牛や馬や人間の生き血を吸ったり、子どもにまで危害を与えるようになったため、退治することになりました。

やまんばがよく通っていた山香（やまか）の里に遊びに来た時のこと。好物のそば団子にこっそり赤く焼いた石を入れ、もてなしました。食べるとたちまち腹の中が熱くなり苦しみもがきました。水を欲しがったため、代わりに油を差し出すと、そうとは知らずに一気にゴクリ。火に油が注がれたからさあ大変。こらえきれずころげまわり、天竜川に身を投げたといいます。

明光寺の裏には、やまんばの爪痕が刻まれた岩が残る

やまんばの本当の姿は？ 山香では山姥神社の信仰厚く

竜頭山（1351m）の北、国道152号線を北上すると竜頭大橋を渡ってすぐ、右手に竜頭の湧き水があり、自然のおいしい水をいつでも飲むことができます。そこから沢伝いに入ったところが、やまんばがすんでいたという福沢集落。やまんばには3人の息子がいて、長男の竜築坊は竜頭山の山主に、次男の常光神は山住の山主に、三男の白髪童子は志武沢の山主にしたといいます。

また、やまんばはもともと相月の豪族の娘で南朝方に属し、南朝方の兵士が山の尾根伝いの主要道を通りやすくするため親子で守っていたようです。やがて北朝方（足利氏）が勢力を増してきてこの親子を滅ぼすため、口実として「人や牛をも食べる妖怪がすんでいる」と流布し、退治に踏み切ったという説もあります。

山香地区は信州街道の要所で、天竜川を使った物資の集散地でもありました。川岸から数百m駆け上がる街道は急斜面で、荷物を揚げるには大変な労力を必要としました。往時を偲んで、背中に重い荷物を背負って運び上げる「浜しょい」というお祭り行事が今でも行われています。

地区の入り口で、地元のグループが造ったやまんば親子の円空彫りが出迎えてくれます。廃校となった山香小学校の裏やこの地区の一番の高所（浅間山）には山姥（やまんば）神社があり、産婆の神様として崇められていましたが今は面影がありません。

また、峠に近い明光寺の近くには、やまんばが子どもを産み育てた石の祠があり、その岩にはお産で苦しんだやまんばが、思わず爪を立ててできたという窪みがあります。明光寺の今井さんが案内してくれますが、今では雑草に覆われ、分かりにくくなりました。

明光寺

場所 浜松市天竜区佐久間町大井2077　**電話** 053-964-0077

備考 希望者には、民話の語り部をしていた今井淳子さん(89)がやまんばの爪痕を案内

久延寺は、掛川城主の山内一豊が境内の茶室で家康を接待した場所としても知られる

わが子を失った悲しみから、恐ろしい怪鳥に

袋井市、掛川市

蛇身鳥

箱根峠、鈴鹿峠と並んで東海道の三大難所の一つと言われてきた小夜の中山峠は昼なお暗く、69歳の西行法師は「さらに年老いてからも、この急坂の峠を越えられるだろうか」と歌に詠んだほどの難所でした。今から1200年ほど前、小夜の中山峠では夜になると、頭は鳥で体は大蛇という「蛇身鳥（じゃしんちょう）」がものすごい羽音で現われ、人を襲うといううわさが立っていました。大きな翼を広げると、鋭い刀を編んだような羽は光り輝き、触れただけで切れてしまうほど強く鋭利で、「やいばのきじ」とも呼ばれていました。

この怪鳥の出現は不運な事件がきっかけでした。当時、峠の近くに仲の良い4人家族が住んでいました。何不自由なく穏やかな日を送っていましたが、息子の八太郎には悩みがありました。それは父親がとても狩りが好きだったこと。動物たちをこよな

怪鳥退治で命を落とした武士を弔ったという七ツ森神社

自害した小石姫の墓

三位良政が愛馬を葬った場所とされる馬頭観世音

く愛する優しい八太郎にとって、自分の身を裂かれるような悲しみで、再三、父親に殺生をやめて欲しいと伝えましたが聞き入れられませんでした。

ある日、父親は大きな熊を仕留めます。大喜びで獲物に近づくと、なんと熊の毛皮をかぶった八太郎が血を流して倒れていました。父親の殺生をやめさせるため、命をかけた抗議でした。亡骸を抱えて家に帰ると、変わり果てた息子の姿に母親は発狂し、そのまま菊川の淵に身を投げてしまいました。

蛇身鳥が現れ始めたのはそれからです。夜道を歩く人を、鋭い口ばしと爪で傷つけたり、不気味な声で鳴きながら飛び回ったり、怪鳥出現で夜歩けず、峠の下の日坂宿（現・掛川市日坂）は宿泊する人も減ってしまいました。この話は京の朝廷にも伝わり、7人の武士が怪鳥退治に派遣されました。しかし怪鳥は手ごわく、退治どころか返り討ちにあい、京へ逃げ帰る途中で命を落としてしまいます。哀れんだ村人は塚をたて、彼らを葬りました。それが「七ツ森神社」（現・袋井市）だといわれています。朝廷からはさらに強者の三位良政（さんみよしまさ）と屈強な家来、橘主計助（たちばなかずえのすけ）が派遣され、苦闘の末、ようやく怪鳥を討ち取りました。

怪鳥にまつわる悲劇の家族で唯一、生き残っていた娘、月小夜（つきさよ）は三位良政と結ばれ、家族の供養をして暮らすために中山の里にお堂を建て、観世音菩薩をまつりました。これが久延寺（現・掛川市）の始まりだと伝えられています。

悲劇は孫にまで継がれ「夜泣き松」伝説に

後に月小夜の娘、小石姫は橘主計助とかなわぬ恋に落ちます。しかし蛇身鳥の正体が祖母だったことなど壮絶な過去を知り、悲観して中山峠の松の木の下で自害してしまいます。それからというもの姫の霊はその松に宿り、夜になるとこの松がしくしく泣き声を発するようになったことから「夜泣き松」と呼ばれるようになりました。この松は皮を削って燃やした煙を子どもに嗅がせると、夜泣きが止まったり、丈夫に育つといわれ、木は削られすぎて枯れてしまいました。そこで大きな丸石を置いて代わりとしたため、その後は「夜泣き石」と呼ばれるようになりました。

七ツ森神社
場所　袋井市国本2568

久延寺
場所　掛川市佐夜鹿291
電話　0537-24-8711（掛川観光協会）

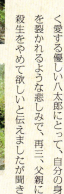

ほかにもこんな妖怪談が！

弘法大師が魔物を封じ込める

修善寺温泉街の修禅寺から西に約5㎞、延暦10（791）年に弘法大師が18歳の時、修行をしたという「奥の院」に伝わる話です。その頃、この付近には魔物がすんでいたため恐れられ、人々は近づきませんでした。そこで弘法大師が空中に向かって「大般若魔事品」の経文を書くと、文字が空間に浮かび上がり、たちまち魔物は封じ込められました。現在そこは「馳籠の窟（かりごめのいわや）」と呼ばれ、岩壁には落差10mほどの「阿吽（あうん）の滝」、その横には「降魔壇」という修行石が残っています。

滝の飛沫を浴びながら修行したと伝わる。中央の石が「降魔壇」

修禅寺奥の院（正覚院）
場所　伊豆市修善寺 2940-1
電話　0558-72-2501（伊豆市観光協会修善寺支部）

知る人ぞ知る、熱海のイナブラさん

認知度が低いにも関わらず、なぜかさまざまなキャラクター商品が販売され、熱海のPRに一役かっているご当地妖怪「イナブラさん」。目撃情報があるのは下多賀神社（熱海市下多賀）下の海のそば。晩秋から初冬にかけ、冷たい雨混じりの風が吹く夜に出歩いていると、沖からイナブラさんがやってきて、さらわれるといいます。姿は、収穫後の稲を乾燥させるために積み上げた「稲叢（いなむら）」のようで、逃げると追い、立ち止まれば止まる。遭遇したら覆いかぶさられないよう、とにかく逃げること。

ストラップやメモ帳など約５種類を販売

丸高名産店
場所　熱海駅前平和通り商店街、入り口すぐ
電話　0557-81-2697

大蛇と大コウモリの死闘

1498年、浜名湖が海とつながった大地震の津波の時、御神体が湖西市の新居町から流れ着いたことから、地震厄除けで知られる細江神社。その境内に根回り18mの大きなクスノキがあり、根元にぽっかりと穴が空いています。昔、この穴にすんでいた大蛇と大コウモリは「この木の主はオレだ」と言い張り、大げんかをしたという伝説が残っています。争いは三日三晩も続き、両者、血だらけになって力尽きたとか。穴の中に、その時に流した血の跡が残っているといわれています。

推定樹齢500年、樹高15mの大クス。この大穴の中で事件は起きた

伝説を記す看板

細江神社
場所　浜松市北区細江町気賀996
電話　053-522-4720（奥浜名湖観光協会）

大なまづ

地震が起きるのは、地中で大なまづが暴れるからと信じられてきました。そこで昔の人は「要石（かなめいし）」という大きな石を置いて、なまづの動きを封じました。沼津市一本松の「要石神社」で地表に露出する大きな安山岩もその一つ。石までは高潮がこない、安政の大地震の時は被害が少なかったなどと伝わります。

ダイダラボッチ

山や湖などの創造主として日本各地に伝説がある巨人です。静岡県では琵琶湖の土を運んで富士山を造ったといわれ、その時の足跡とされるのが静岡市葵区富厚里（ふこうり）の「ダイラボウ」山頂の窪みです。奥浜名湖の姫街道にも、その時の足跡と伝えられる小さな池があります。また、遠州の山奥に住んでいたという話もあり、ダイダラボッチが子どもたちを手に乗せて海の方面へ向かっていた時、山をまたいだ拍子によろけて片手をついてしまい、放り出した子どもたちに謝りながら流した涙が溜まったのが浜名湖だといわれています。

妖怪伝説から誕生

なみまるとふうちゃん

御前崎市

遠州灘で天気の変わり目を海鳴りで知らせてくれる波小僧がモチーフになっているのが、御前崎市の２つのマスコットキャラクター。７月３日（波の日）生まれの波の妖怪「なみまる」は浜岡大砂丘にすみ、潮騒の像の近くにすむ愛の妖精「ふうちゃん」と友達です。なみまるは健康増進、ふうちゃんは恋愛成就のご利益があるそう。

©天竜区観光協会佐久間支部

さくまる

浜松市天竜区

浜松市北部、自然豊かな天竜区佐久間町に伝わる昔話「河童の目薬」は、河童がいたずらしたことを許してもらったお礼に、目薬の作り方を教えるという話です。「さくまる」は話に登場する河童がモデル。話の中の河童と違い、親切でヒトが大好き。肩にかけた水筒のようなものは目薬で、よく見ると「カッパの目薬」と書いてあります。

しっぺい

磐田市

磐田市見付天神に伝わる悉平太郎（しっぺいたろう）伝説は、村の娘を怪物から守るため、命をかけて闘った勇敢な犬の話です。その「悉平太郎」をモチーフに誕生したのが市のイメージキャラクター「しっぺい」。真っ赤なふんどしと紅白の綱がトレードマーク。メロンとスポーツ観戦が大好きな、磐田の平和を守る賢くて優しい犬です。

しっぺい
©磐田市

ご当地キャラが大人気

シロにゃん

函南町

猫のメークを施し、踊って楽しむ「かんなみ猫おどり」のキャラクター「シロにゃん」は、民話「猫踊り」に登場する、踊るのが大好きで人間の言葉を理解したシロがモデル。故郷を応援するため神様から大きな鈴と白い羽根をもらい、地上に降りてきました。「猫おどり」で盛り上がると、女の子の姿「シロにゃん娘(こ)」に変身。

マサオ

ぬえ左衛門

伊豆の国市

「鵺ばらい祭」を開催する伊豆の国市では、商工会青年部発案で「ぬえ左衛門」を製作。市非公認ながら、かわいい姿が大人気。しっぽのヘビ「マサオ」も要チェック。実は2008年に一度着ぐるみを製作するも、リアルすぎて子どもが泣きだすという苦い過去が。初代は商工会伊豆長岡支所(古奈255)入り口ロビーで息をひそめています。

超リアルな初代

伝説の中では怖いイメージの妖怪もいるけれど、今ではこんなにかわいいご当地キャラになり、地域活性や観光推進に一役買っています。グッズやお菓子になっているものもあるので要チェック。

見付け天神の参道入り口に立つ悉平太郎の像

若い娘をいけにえとし、拒めば暴れまわる

磐田市

怪物ヒヒと悉平太郎

「見付天神」や「見付のお天神様」の名で親しまれる矢奈比賣（やなひめ）神社は、学業成就をはじめ安産や縁結び、五穀豊穣などのご利益で知られます。ここを舞台に正和年間（1300年代初め）、人々を震え上がらせた恐ろしい出来事がありました。

毎年8月、天神様のお祭りの10日前になると、年頃のきれいな娘がいる家にどこからか白羽の矢が飛んできました。そして矢が軒下にささった家は娘を白木の箱に入れ、人身御供として天神様に差し出さなけ

学業成就や開運にもしっぺいがお手伝い

日本で唯一犬をまつる霊犬神社

ればならないという風習がありました。これに逆らうと、周辺の集落全体の田畑は荒らされ、不作に見舞われるため、決して拒むことはできませんでした。

ある年、見付宿を訪れた旅の僧がこの悲しい風習を知り、「天神様がこんなことをするはずがない」と社殿に張り込むと、数頭の大きな怪物ヒヒが現れ、娘を食い殺すのを目の当たりにしました。ヒヒは大きな猿のような姿をした妖怪で、猿が千年生きると変化するともいわれています。その時、ヒヒたちは「このことを信濃の悉平太郎（しっぺいたろう）には知らせるな」とささやきあっていました。それを聞き、僧はその人物なら退治してくれるに違いないと直感し、なんとしても見つけようと探し歩きました。そして悉平太郎は信濃（現・長野県）の光前寺（駒ケ根市）で飼われている山犬だと突き止めます。

住職に悉平太郎を借り受けることをお願いして見付まで連れてくると、娘の代わりに白木の箱に入れ、社前に差し出しました。ヒヒが箱を開けた瞬間、悉平太郎は怪物に猛烈に襲いかかり、長い格闘の末、見事退治しました。その後、人身御供の白羽の矢は立たなくなったそうです。

悉平太郎はどうなったのか 後日談が複数残る

ヒヒを退治した悉平太郎も深手を負いました。後日談として数通りの話が残っています。この地で息を引き取り、見付天神横へ山神としてまつられたという説のほか、光前寺に送り届けられた、帰る途中に県境の足神神社（浜松市天竜区水窪奥領家）辺りで力尽きてしまったともいわれています。お墓が光前寺、足神神社の前にあるほか、見付天神の奥、市営つつじ公園内の霊犬神社では悉平太郎がまつられています。

悉平太郎は光前寺では「早太郎」と呼ばれ、この伝説が縁となって磐田市と駒ケ根市は友好都市となっています。また、奇祭として知られる「見付天神裸祭」は、一説にはヒヒが退治されたことのうれしさから、人々が喜び踊ったのが起源だともいわれています。

森町でもヒヒが悪行

周智郡森町の小國神社にも、人身御供とヒヒ退治の伝説が残っています。当番にあたった家が19歳の娘を差し出す習わしでしたが、娘の代わりに旅の途中の侍が箱に入り、見事、斬り殺します。侍は何も言わず、東方向へ去ったといいます。

見付天神（矢奈比賣神社）

場所　磐田市見付1114-2　電話　0538-32-5298

改心して姿もかわいらしいねずみに。視線の先には青い海が広がる

化けねずみと闘い、和尚の命を救った猫

御前崎市
猫塚・ねずみ塚

静岡県最南端の岬、御前崎。灯台のそば、御前崎ケープパークの遊歩道沿いに「ねずみ塚」が、そこから数百m離れた畑の中に「猫塚」があります。両者にまつわる伝説は、この辺ではよく知られた話です。

岬近くにあった遍照院の和尚は、毎朝毎夕、丘の上の高燈籠の所にきては沖を行く船の安全を確かめていました。強風が三日三晩続いた朝、荒波にもまれる船の板子の上に子猫が乗っているのを見つけ、助けます。「ミケ」と名付けてかわいがり、ミケもよくなついて、どこに行くにもついて歩くほどでした。

10年の月日が経った頃、ミケは大きく成長し、お寺のねずみをよくとりました。ある春の日、一人の旅の僧が訪ねてきて、しばらく滞在することになりました。4、5日経った昼下がり、寺の下働きをしている

御前埼灯台から展望台「夕日と風が見えるん台」まで1.5㎞におよぶ遊歩道が続く。ねずみ塚はその途中にある

男が縁側で昼寝をしていると、夢うつつの中、ミケと隣りの家のシロが「なにか不吉な予感がする。和尚さんのことが心配だ」と話しているのを聞いたような気がしました。

その夜、突然、本堂から大きな叫び声と、激しい物音が聞こえてきました。和尚と寺男が慌てて駆けつけると、天井の上で何かが大暴れしています。明け方になり音が止むと、血がしたたり落ちてきました。村人たちを集め、天井裏に上ってみると、血だらけで動かなくなったミケとシロ、その先に数日前から泊まっていた僧の衣を着た、犬ほどもある大きなねずみが転がっていました。それを見て、寺男は昼間の出来事を思い出し、ミケが化けねずみから、和尚を命がけで守ったことをみんなに話しました。和尚はたいへん悲しみ、お寺の庭に葬って長い間、お経をあげました。村人は、化けねずみを天井から引きずり下ろすと、棒にくくりつけ海へ捨てに行きました。海を目前にした丘の上まできた時、化けねずみは「海になんか捨てないでくれ。この辺に埋めてくれたら、漁を見守ってやるから」と泣きながら訴え、息絶えたため、少し哀れに思えて、その場に埋めてやったそうです。

改心した化けねずみが海の安全を見守る

遍照院は今は残っていませんが、猫塚とねずみ塚は石柱が建ち、案内板が設置されています。話の中では忠義の猫ミケが主人公ですが、石像はだいぶ傷み、場所も若干分かりにくいため、訪れる人は少ないようです。対してねずみ塚のほうは、観光客が立ち寄る海を望む気持ちの良い高台にあります。石像も真新しく、特等席から海の安全を見守っています。

昭和の初めに作られた「猫塚」は、傷みが激しく、どちらが主人公か分からない状態

白須賀宿の猫塚

白須賀宿（現・湖西市）に、おかよという評判の女中がいました。特別にタマという白猫を飼うことを許されていましたが、病気で働けなくなると、主人夫婦から虐待され、食事もろくに与えられず、ついに亡くなってしまいました。数日後、主人は突然タマに顔を引っかかれ、驚いてよろけた拍子に庭の石に頭をぶつけて命を落とします。その直後、宿屋も原因不明の火事に。おかよの怨念を恐れ、霊を鎮めるため塚が造られ、猫塚と呼ばれました。

ねずみ塚
場所　御前崎市御前崎、御前崎ケープパーク遊歩道沿い

猫塚
場所　ねずみ塚から北方面へ数百ｍ
電話　0548-63-1129（御前崎市社会教育課）

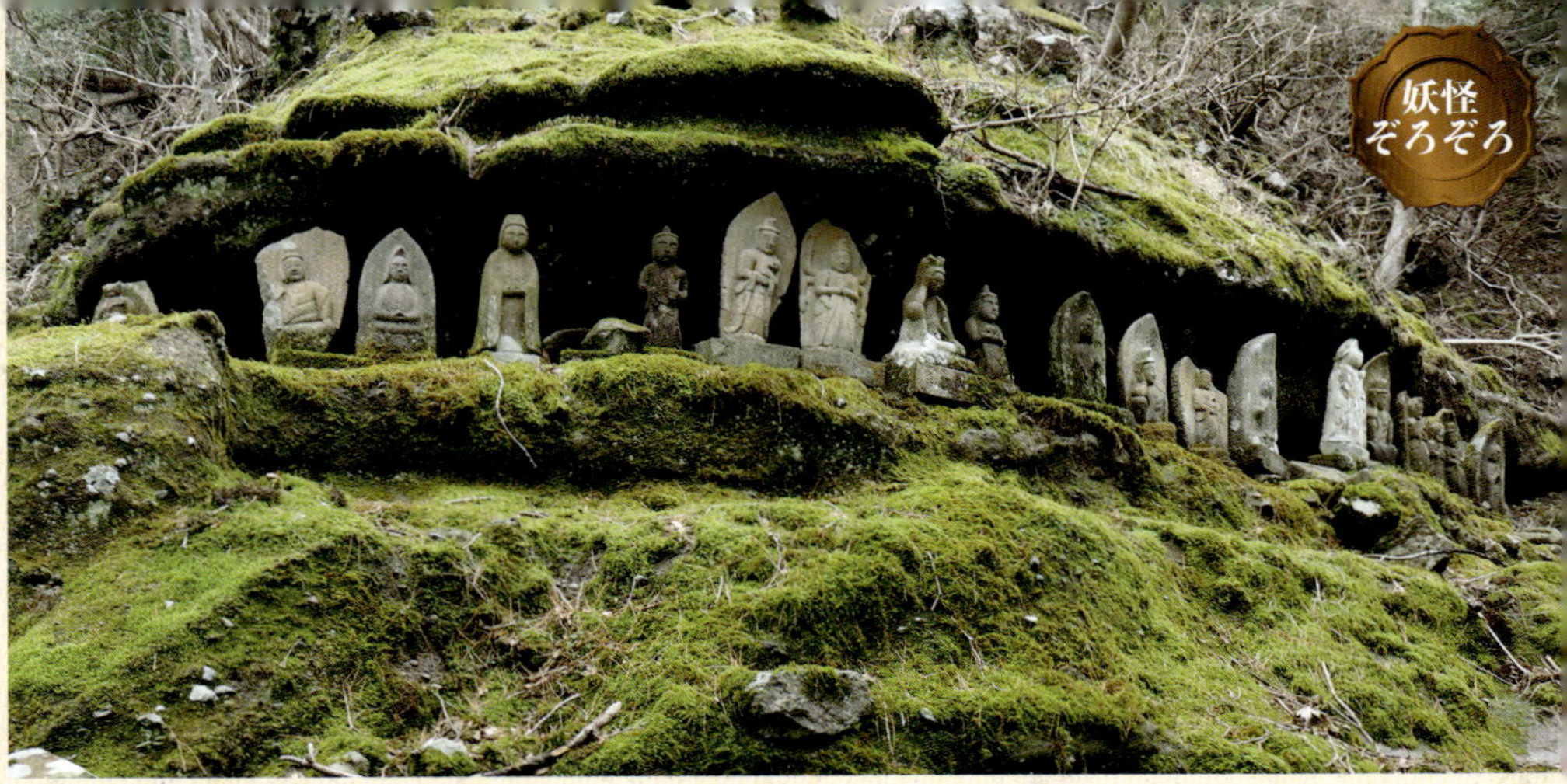

稜線がないため薄暗い雰囲気が漂う。観音山山頂付近に 41 体の石仏がある

河津町

奥原の妖怪

妖怪となった赤牛を鎮めるために彫られた観音様

河津町に観音様の寝姿に似た「観音山」があります。昔の天城越えは難所とされ、なかなか越えられない道とされていました。峠道が変わることもあり、観音山の近くを通ったこともあったといいます。

江戸時代、大きな赤毛の雄牛を連れた博労（牛や馬の仲買人）が天城峠を越えるため、奥原の集落を通りかかりました。博労は牛の種付けで大儲けをしましたが、急に雄牛の気が荒くなり「このままでは牛に殺される。お金が儲かったから、こんな牛はもういらない」と、雄牛を置いて逃げ出してしまいました。ただでさえ大きかった牛はますます大きくなり、ついには妖怪になって村人や峠を越える旅人を悩ませました。

向岳の和尚は村人に「1軒1体ずつ観音様を作りおまつりしたら、私は経を唱えて妖怪を退散させてやろう」と言いました。村人たちは石屋さんに観音様を彫ってもらい、奥原で一番高くて見晴らしの良い岩山へ運び、安置しました。和尚は三日三晩お経をあげ、妖怪となった赤牛を封じ込めたということです。

奥原の観音山に江戸時代に作られた三十三観音があると知り歩いてみました。歩き始めてすぐに3体の石仏が迎えてくれました。しばらくヒノキの人工林の緩やかな道が続きます。水の少ない沢を何度か渡り、急な上り坂を経て、登り口から40分ほどで山頂近くの石仏群に到着しました。観音像は下窟に27体、少し奥にある上窟に11体が安置されています。一つ一つ表情は違いますが、どれも安らかなお顔です。面白いのが小石のまじった地層の隙間をヒサシのようにして置かれていること。周辺に巨大な岩の塊が転がっているのを見ると、海底火山の噴火により流れ出した溶岩の痕跡ということが分かります。山頂付近に稜線はなく、見晴らしはまったくでしたが、石仏群に会い心休まる思いで下山しました。

奥原の石仏群

場所　賀茂郡河津町奥原　電話　0558-32-0290（河津町観光協会）

備考　観音山登り口までは車で行ける。観音山は上り約 40 分、下り約 30 分

赤い鳥居の横の小島に祠(ほこら)があるというが、残念ながら岸からは確認できない

湖を一番近くに感じることができる芝生の広場。赤牛伝説を記した案内板が立つ

伊東市　一碧湖の赤牛

美しい湖の小島に封じ込められた赤牛

〝伊豆の瞳〟と呼ばれる一碧湖は伊豆東部火山群の一つで、約10万年前の噴火でできた火口はマールと呼ばれる丸い窪地を作り出しました。春の桜、秋の紅葉と四季を通じて美しい景観を楽しむことができます。

一碧湖の主は年老いた赤牛といわれていました。赤牛は時々岸に上がり、娘に化けて若者を池の中に誘い込んだり、あるいは池で漁をしている舟をひっくり返したりして村人を困らせていました。

宝永の頃、伊東市吉田にある光栄寺の日広和尚が赤牛による災難を除こうと、湖の中にある小島で7日間にわたりお経をあげて赤牛を封じ込めました。さらに和尚は小島に御堂を建て、経本と一緒に雨を呼ぶといわれる八大竜王を納め、まつりました。それからというもの、赤牛による災いはなくなったそうです。ある年の夏、日照りが続いて作物が枯れてしまい、困った里人が湖の岸辺に集まって八大竜王に雨乞いをしました。すると天城山の方から厚い雨雲が垂れてきて、雨が降ったといいます。

静かに水をたたえた一碧湖は豊かな植生と野鳥の宝庫としても知られています。湖の周囲には遊歩道が整備されていて、湖上に浮かぶ赤い鳥居を目指して湖畔を歩けば、エノキの大木が枝葉を広げる芝生の広場には与謝野鉄幹・晶子夫妻の歌碑があります。水鳥が羽を休める静かな広場には桜の木もあり、シーズンにはお弁当を広げてお花見をするのも良いでしょう。さらに遊歩道を進むと、右手に鳥居が近づいてきます。鳥居の横に見える島は、4000年前に大室山から流れてきた溶岩が湖に流れ出してできた小さな島々の一つで、これを「十二連島」といいます。湖水もきれいで、赤牛伝説とはほど遠いイメージの一碧湖ですが、火山の噴火でできた湖と聞くと、赤牛が火山と同じく〝巨大な力の象徴〟のような気がします。

一碧湖

場　所　伊東市吉田　電　話　0557-37-6105(伊東観光協会 伊東駅前案内所)

平成10年に本堂横に移築された稲荷。

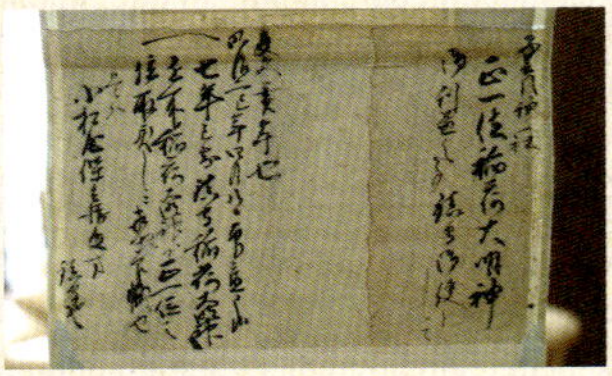
伏見稲荷のきつねから、
金の箸を授かったことが記されている掛け軸

1本だけ残っている金の火箸。伏見稲荷のきつねが持ってきたと伝わる。
普段は非公開だが、希望があれば見せてくれる

富士市

伏見稲荷のきつね

子どもを守る、伏見稲荷のきつねの使者

江戸時代からの言い伝えです。東海道吉原宿（現・富士市）、大運寺の和尚の枕元に、毎晩のように現れる1匹のきつねがいたそうです。きつねは「和尚さん、私をお稲荷さんにまつってください」と言います。なぜかと尋ねると、「私は京都の伏見稲荷から来た使いです。東国で病が流行り、子どもたちが次々と死んでしまうと聞きました。そこで、子どもたちを病から守ってあげるようにと私がこちらに使わされました」。

和尚は「なるほど、それは良い心がけだ。だが、おまえが伏見稲荷の使いだという証拠はあるのか。何しろきつねは人間をだますのが上手いからなぁ」と、半信半疑で尋ねました。すると、きつねは金色に輝く一対の火箸を差し出し、「これがその証です。調べてください」と答えました。そこで伏見稲荷の神主に使いを出して聞いてみたところ、確かに金の火箸が一対なくなっているとのことでした。

和尚は早速、境内に祠（ほこら）を作り、子育て稲荷大明神としてきつねをまつりました。その後、吉原では流行りの病が収まり、子どもたちが健やかに育つようになったそうです。

現在も、大運寺には金の火箸が1本（1本は泥棒に盗まれてしまったそうです）と、その事実が記されている掛け軸が大切に保存されています。大正から昭和初期の頃までは、わが子の無病息災を祈願して、由比や蒲原からも大勢の人々がお参りに来たと伝えられています。また昭和の終わり頃までは、2月の初午の日に盛大にお祭りが行われていました。今もきつねの像は静かに佇んでおり、夜泣きが治るといって、人目につかない早朝や夜に子どもを連れてお参りに来る人もいるようです。昔も今も、子どもを健やかに育てたい親の心は、何ら変わらないのかもしれません。

大運寺

場所　富士市中央町 3-6-21　電話　0545-52-1437

備考　金の火箸を見たい場合は、事前に大運寺に問い合わせを

富士宮市

たぬき和尚

犬を怖がった、怪しい和尚の正体は…

堂々とした風格のたぬき和尚の像。あたり一面に緑が広がる安養寺周辺は、ウォーキングコースとしても人気

これは、江戸時代後期に書かれた『駿河記』に残る伝説です。昔、富士宮市杉田にある安養寺に、下総の国（現・千葉県）から一人の小僧がやってきて、住み込むことになりました。この小僧、賢くてよく働くのですが、なぜか犬が大嫌い。犬が見えると遠回りをして使いに行くほどでした。何年か経ち、小僧はこの寺の和尚になりました。しかし犬嫌いは相変わらずで、寺の飼い犬に吠えられるのが嫌で一旦は寺を去ってどこかに行ってしまったそうです。やがて寺の犬が死ぬと、どこからともなく寺に戻ってきました。しかし、寺を去ってから10年ほど経っているのに風貌が全く変わっていないことから、村人たちは「和尚さんは本当に人間なのか?」とうわさするようになりました。

ある時、和尚は仏門の高い位を得るために、籠に乗って都へと旅立ちました。ところが、富士宮市岩淵の辺りにさしかかった時、大きな犬が飛び出してきて籠に襲いかかり、和尚に噛みついたのです。大騒ぎの中、犬を追い払った後には、和尚の衣を着た大きなたぬきが息絶えていました。

たぬき和尚が都へ向かう時に乗ったといわれる籠は、本堂の中に飾られている

以来、安養寺は「たぬき寺」の愛称で親しまれるようになりました。現在26代目となる住職の清水宏達さんは、「この辺りは、昔も今もたぬきがたくさん生息しています。おそらく、寺に長く住み着いていたたぬきが、人間の小僧にとり憑いたのでしょう。心に隙があったり、精神的に弱い人には動物霊が憑きやすいといわれています」と、伝説の背景を推測します。

境内には、たぬき和尚の像と伝説が描かれた石碑が立っており、ちょっと怖いけれどもどこかユーモラスな像を、ウオーキングで訪れる人たちが面白そうに眺めていくそうです。本堂にはたぬき和尚が乗ったとされる籠も保管されていて、こちらも併せて見せてもらうと、伝説がよりリアルに感じられるでしょう。

般若山 安養寺

場所　富士宮市杉田 466　電話　0544-26-3723

備考　たぬき和尚の像は境内にあり、自由に拝観可。本堂の籠を観たい場合は声をかけて

狐が教えてくれた秘密の薬

まだ瀬戸川に橋が架けられていなかった江戸時代の話です。ある晩、川庄屋の富岡家(現・藤枝2丁目)に美しい娘がやってきました。なんでも母親に薬を届けたいから、今夜中に向こう岸に渡してくれというのです。夜も更けてきて水深も胸まで届きそうでしたが、頭を下げられやむを得ず、主人は人足に娘を担がせて渡してやりました。

娘はお代を払おうとして、うっかり落としてしまいました。お金はチャリンとはいわず、ふうわりと落ちていき、よく見ればそれは桜の葉でした。人足は見逃しませんでした。「お前はきつねか、たぬきだろう」と持っていた短刀で素早く斬り付けると、きつねが姿を現し、さっと消えてしまいました。人足は切り落とした前脚を持ち帰り、小屋の天井にぶら下げておきました。

翌日、きつねが川庄屋の戸をたたきます。前脚を返してくれというのです。「返したところで、くっつくわけではなし。なぜだ」と尋ねる主人に、きつねは「実は良い薬を持っていて、それをつければ元のように前脚がくっつくのです」と答えました。それを聞いた主人は、「薬の製造方法を教えてくれるのなら、前脚を返してやろう」と取り引きすることにしました。

きつねは翌日、薬の調合や製造方法を石に書いて持ってきて、前脚と交換して帰りました。教えられて作った薬は、なんにでもよく効き、それ以来、「狐こう薬」として西は相良(牧之原市)、東は川根や静岡市北部など、周辺で広く商われるようになりました。その後、戦後の薬事法の改正をきっかけに製造されなくなりましたが、藤枝市郷土博物館には富岡家から寄贈された狐こう薬の看板やレプリカが残っています。

きつねを渡した瀬戸川には、今、勝草橋が架かり、金吹橋までの土手沿いに続く、約2kmの桜トンネルは桜の名所となり、多くの花見客が訪れます。

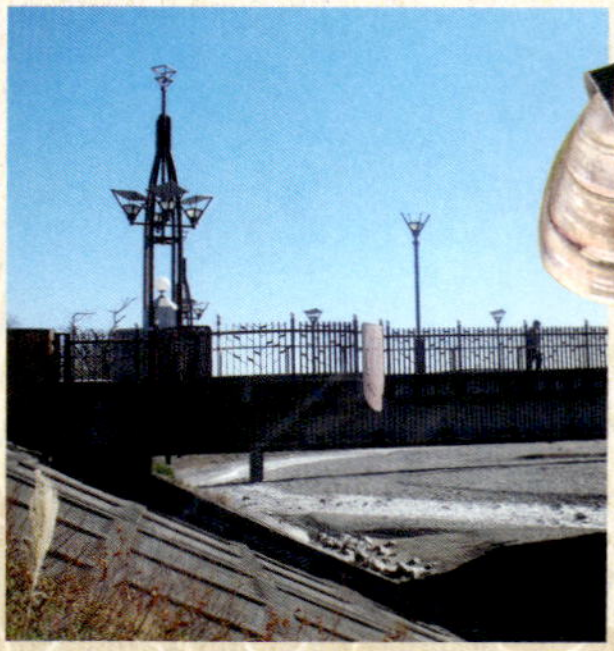

瀬戸川に架かる勝草橋。
橋のたもとに川庄屋があった

東京の深川から取り寄せたというハマグリを容器に使っていた狐こう薬(写真はレプリカ)

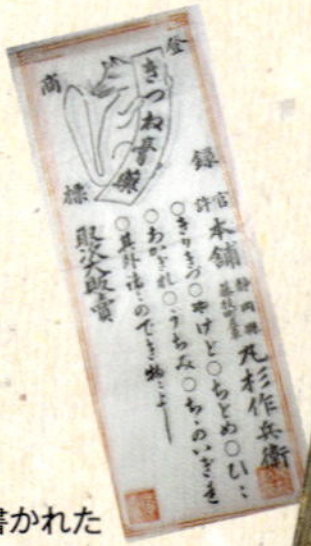

チラシに書かれた効能には切り傷、やけど、打ち身、血止めなどとある

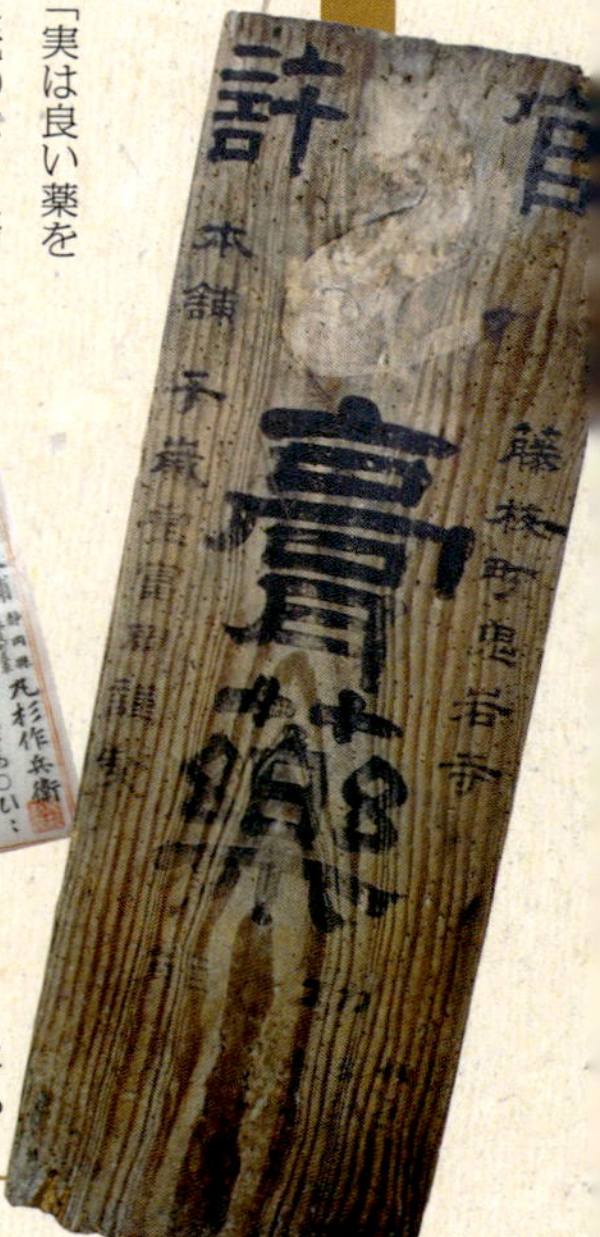

看板には、斬られた前脚を口にくわえたきつねが描かれている

※看板・チラシ等／藤枝市郷土博物館所蔵

藤枝市郷土博物館・文学館

場所　藤枝市若王子500、蓮華寺池公園内　電話　054-645-1100

備考　資料の閲覧は学術研究の目的に限る。大人200円(特別展の場合は別途必要)、中学生以下無料。日・月曜、祝日の翌日休館

50年ぶりに「カッパ祭り」が復活 真っ黒な河童は水神さまの使い

問い合わせ　佐藤清治さん
055-962-0359

昔は顔にナスを使ったが、現在はアボカドを使用。夏の野菜で作られた河童は日持ちがしないのが難点

頭にお皿、緑のTシャツと腰みのでちびっこ河童完成。キュウリを奉納して祭りがスタート

ナスやキュウリの体に昆布の着物、かんぴょうの白い帯。髪はトウモロコシの毛、黒々した顔には大きな目と赤い舌。薄暗い祠（ほこら）の中、ロウソクの灯りに照らされ浮かび上がる姿はちょっと不気味──。

そんな河童が主役の「カッパ祭り」を、沼津市大手町の一角にある志多町（したまち）自治会では平成25（2013）年、50年ぶりに復活させました。江戸時代、この地には船着き場があり、狩野川は生活、経済に密接していましたが、その分、水難事故も多かったようです。そこで水神さまの使いで、子どもを水中に引き込むといわれた河童をまつり、災難防止を祈願したのが始まり。最盛期には夜店もたくさん出てにぎわったそうです。

今回、地域の古老の協力を得て復活した河童は、どこか愛嬌がある仕上がり。2年に1回、7月のお盆の前後に開催される祭りでは、河童に扮した子どもたちが好物のキュウリを奉納したり、みんなで「カッパちゃん音頭」を踊ったり、世代を超えて楽しめる工夫がされています。「祭りを通じて町内の絆を深め、他エリアの人や地域資源とも連携して、沼津の活性化につなげていきたい」と実行委員長の佐藤清治さん。

かっぱまんじゅう

問い合わせ　富士川楽座
富士市岩淵1488-1
0545-81-5555

見つけたら、いいことあるかも

日本三大急流の一つ、富士川。昔は川が荒れるのは河童のせいだと考えられていたとか。そんな伝説から生まれたのが、道の駅「富士川楽座」の店内で製造、限定販売されているかっぱまんじゅう。富士山を抱えた姿が基本形ですが、32個に1個の確立で、小判を右手に福を招く河童君が入っています。5個入り360円～。

焼津の海を愛した「怪談」作者、小泉八雲

焼津市

耳なし芳一、雪女、むじな（のっぺらぼう）、ろくろ首など、日本に伝わる妖怪や幽霊、怪異な話を短編集『怪談』にまとめた小泉八雲（ラフカディオ・ハーン）の記念館が焼津市にあります。

幼い頃、幽霊に出会う経験をし、乳母にケルトの妖精譚や怪談を聞いて育ったハーンにとって、死や霊的な存在は常に身近であり、創作意欲をかきたてるものでした。

八雲がギリシアの島で生まれ、アイルランドからアメリカ、仏領西インド諸島を経て来日したのは明治23（1890）年。英語教師として赴任した松江で小泉セツと結婚し、セツの語る日本の奇譚に大変興味を持ち、再話を始めました。その後、熊本、神戸を経て東京帝国大学、早稲田大学で英語を教えながら次々と日本の自然、古来の習俗、風習、信仰、日本人の精神性についてアメリカに書き送りました。異文化に対して偏見のなかった八雲は、八百万（やおよろず）の神を信仰する日本と日本人を受け入れ、愛するようになります。衣食住も洋風を遠ざけ、和風で過ごしました。

焼津市を訪れるようになったのは、荒い海にひかれたのがきっかけでした。泳ぎが好きだった八雲は長男、一雄とともに毎年夏休みを焼津で過ごしました。灯籠が流れていくお盆の海に泳ぎだして精霊を感じた経験を『焼津にて』に、定宿にした鮮魚商、山口乙吉との交流を『乙吉のだるま』に描き出します。八雲は素朴で善良な乙吉を「神様のような人」と記し、乙吉サーマと呼びかけ、乙吉は八雲を先生様と呼んで、信頼しあっていました。

焼津小泉八雲記念館にはセツに出した自筆の手紙や愛用品など、八雲関連の資料や図書を展示。松江市にある小泉八雲記念館とともに全国の八雲ファンや八雲研究者の聖地となっています。

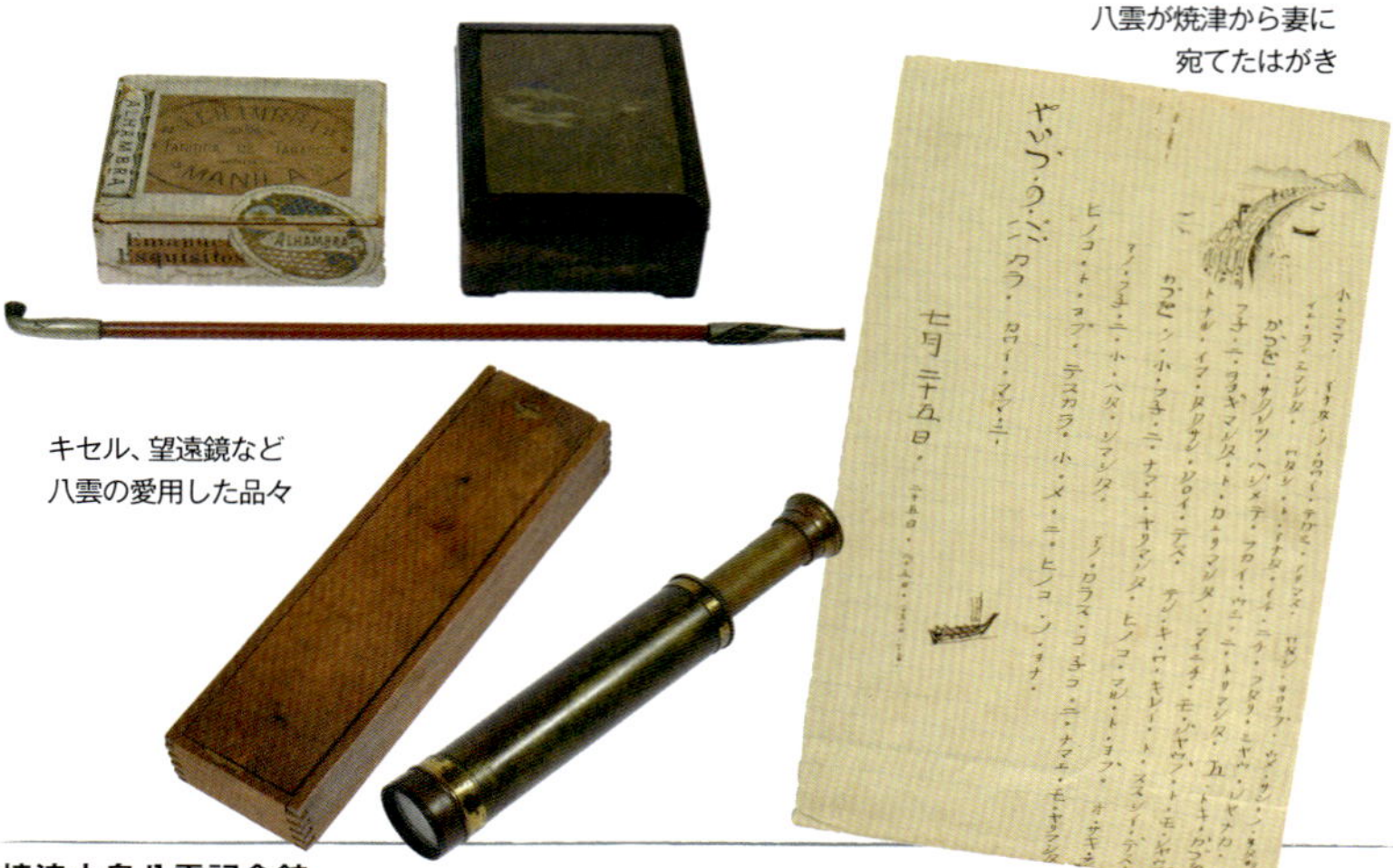

八雲が焼津から妻に宛てたはがき

キセル、望遠鏡など八雲の愛用した品々

焼津小泉八雲記念館

場所 焼津市三ケ名1550（焼津文化センター内）　**電話** 054-620-0022

備考 9:00 ～ 17:00、月曜休館（祝日の場合は翌日）。無料

八雲を訪ね 焼津をぶらり

焼津小泉八雲記念館の周辺には、八雲にゆかりの場所がコンパクトにまとまっています。頻繁に立ち寄ったという焼津神社や、地面が熱くなる不思議な体験をした熊野神社、夏を過ごした乙吉の家跡、八雲の碑など、焼津のまちを散策しながら訪ねてみませんか。

A コース 7.2km、約1時間45分
JR 焼津駅～ぐるっと一周コース①～⑫

B コース 1.7km、約25分
焼津小泉八雲記念館とゆかりの神社仏閣①～⑥

C コース 1.9km、約30 分
八雲通り（旧浜通り）～ JR 焼津駅⑦～⑫

❿旧光心寺（護信寺）
八雲が滞在した頃には光心寺があった。現在は護信寺。境内には「北の弁天さん」が当時のまま残っている

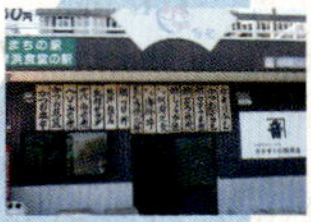

海産物加工所が並ぶ塩辛、なまり、角煮などの小売りや、食事処併設のところも

❾「小泉八雲滞在の家跡」の碑
八雲が定宿とした田中乙吉の家跡。本物は明治村に移設

❷焼津神社
八雲の散歩コースで、8月12日・13日の大祭を楽しみにしていた

八雲通り

❸光心寺
八雲ゆかりの波除地蔵を拝める

❹教念寺
八雲が乙吉に連れてこられ「大変いい景色」とほめた寺

❽波除八雲地蔵
地元の人によって一新されたもの。八雲ゆかりの地蔵は光心寺（❸）に移された

しずおか昔語り

親から子へ語り継がれてきた昔話。懐かしい雰囲気の中、語り部の言葉に耳を傾けてみませんか。映像に頼らず自分で想像しながら話を聞くという体験は、感性を磨き、気持ちの良い刺激を与えてくれます。

〈浜松市天竜区〉

囲炉裏端で聞く佐久間の民話。昔ながらのそばも堪能

旧浦川町中山間地にあった、江戸時代末期の農家住宅を移築した「民俗文化伝承館」。月に1回、地元の語り部グループ「やまんばの会」のメンバーがいる時に訪れると、佐久間に伝わる民話を身振

〈浜松市中区〉

かやぶき屋根の下、昔話の世界にタイムスリップ

屋根はかやぶき、土間にはかまど、土壁に障子と、昔話の世界そのままの「旧高山家住宅」。浜松市西

〈川根本町〉

レパートリーは約80話。現地で語るイベントも

観光情報発信、農産物や加工品の販売も

日本庭園を眺めながら川根茶も味わえる

川根本町の豊かな自然の中、古民家風の建物が印象的な「フォーレなかかわね茶茗舘」。多くの民話が残る同地では月に1回、中川根語り部の会「話楽座（わらくざ）」が、地元に古くから伝わる民話を紹介しています。レパートリーは地元の話が約80。毎月、勉強会を開き、元の話をそれぞれが自分の言葉で書き直し、実演しあいながら作品を磨き上げています。このほか年2回「現地で民話を語る会」や、年1回「昔ばなし語り部まつり」なども開催。住民が語りのイベントに参加する機会が多いことから、「この辺の人っちは耳が肥えている」と澤井初美会長はうれしそうに笑います。

開催／毎月第3日曜11時10分～、13時30分～
※各回20～30分

会場／道の駅フォーレなかかわね茶茗舘
榛原郡川根本町水川71-1
0547(56)0374
(話楽座事務局 薗田さん)

り手振り、方言を交えて臨場感たっぷりに話してもらえます。大蛇や龍、川の淵にまつわる話など多くの民話が伝わる同地。「厳しい土地なので、怖い話や悲しい話が多い」と同会の小嶋直美さんは言います。話を聞いたあとは、地元の女性たちが代々受け継いできた手打ちそばを味わって。栽培から収穫、加工まですべて自分たちで行う地そばの味わいに、先人の営みを感じます。

開催／毎月第2土曜　11時～12時
※話を聞きたい方は声をかけてください
会場／民俗文化伝承館
浜松市天竜区佐久間町佐久間1832-1
053（987）1888（土・日曜、祝日9時～16時30分）

江戸時代末期の農家の建物

地そばを目当てに遠方からも訪れる

相手に合わせ、臨機応変にアレンジすることで昔話の魅力が増す

区村櫛町から蜆塚公園に移築された、江戸時代終わり頃の浜名湖東岸地区にあった標準的な民家です。毎月1回、開催されている「かやぶき屋根の下で聞く日本の昔ばなし」は、「おはなしつむぎの会」のメンバーにより、日本の各地に伝わる昔話や、ここ遠州地方の伝説が語られます。自然光のみが差し込む畳の上、大人も子どもも静かに耳を傾け、想像を膨らませます。小さな子でも真剣に聞き入っているのは、この雰囲気のせいでしょうか。

開催／毎月第2土曜
14時～14時30分
会場／蜆塚公園内「旧高山家住宅」
浜松市中区蜆塚4-22-1
053（456）2208
（浜松市博物館）
定員／40人（当日先着順）

毎月訪れる人も。地元、町外の方の割合は半々

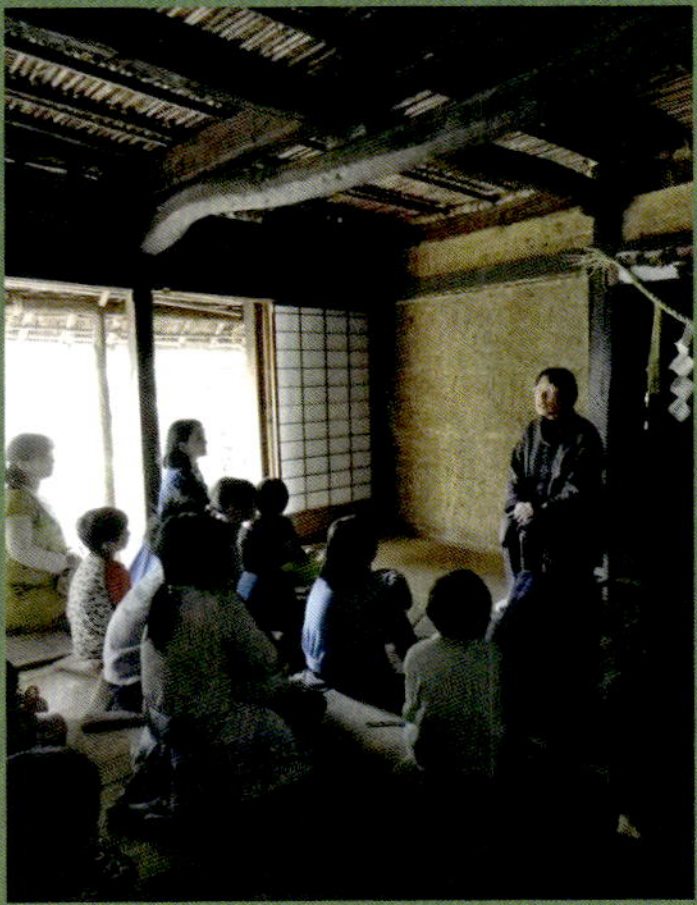

空調設備も照明もない、江戸時代末期の古民家

博物館開館時間はいつでも見学可

大安寺の尊像は
厳しい表情

大正寺の尊像は
柔和な表情

龍が息づく

龍は神話、伝説の生き物でさまざまな伝説とともに中国から伝来した。元々日本にあった蛇神信仰とも融合し、日本神話に登場する「おろち」や古墳などに見られる青竜、水の神として知られる九頭竜などが有名だ。空にも水中にも地中にもすみ、その鳴き声によって雷雲を呼び、また竜巻とともに天空に昇り、自在に飛翔するといわれている。日本の川は急流が多くて曲がりくねり、大雨の度に氾濫していた。静岡県内の天竜川や富士川も曲がっている箇所には深い淵があり、そんな所には必ずと言っていいほど大蛇か龍がすむといい、水神信仰と合わせた伝説が残っている。農民は川の氾濫や干ばつの被害を受けないよう祈りを捧げた。

大安寺で以前、発行していたお札

大正寺参道にある鎮守堂

静岡市葵区・駿河区

沼のばあさん

孫娘の仇を討つため、龍神になり河童と闘う

静岡市葵区の東部、静岡流通センターや静岡県立こども病院がある辺りは、昔はアシやマコモが生い茂る沼地が広がり、そこを巴川が流れていました。

今から650余年ほど前、室町時代のこと、守護職としてこの地を治めていた新田義貞の弟、脇屋義助と、麻機村の名主の娘「小菊」が出会い、「小よし」という女の子が生まれます。しかし小菊は産後の肥立ちが悪くて亡くなり、義助も戦死し、祖母の「秋野」が育てることに。それから10数年後、小よしは美しく、心の優しい娘に成長しました。その頃、秋野は体調を崩し、寝込むようになりました。小よしは心配し、神仏のご加護をと、夜が明ける前に毎日家を出て浅間神社へのお参りを続けました。ある日、渡し舟が川の中ほどに来た時、川から河童が現れ、あっという間に小よしを水中深く引きずりこんでしまいました。悲しみ、怒りに満ちた秋野は周囲の制止を振り切り川に飛び込むと、龍に姿を変え、河童を退治して仇を取りました。

その後この辺では水難が絶え、食用の「法器草」が茂って村人の食料難を救いました。秋野は沼地の守護神として、沼のほとりの「諏訪神社」にまつられ、近くの「大安寺」にその尊像が安置されました。7年に一度、神社の大祭で、お寺から神社に像が移され供養が行われています。

駿河区大谷の「大正寺」に伝わる話では、事件から約160年後、開山の行之正順禅師がこの悲劇を知り、秋野と小よしの霊を弔います。開山が諏訪出身だったことから「諏訪神社」を寄進建立し、鎮守堂も「諏訪大明神」と名付け、秋野の尊像をまつっているといいます。成仏の証に秋野が残していったという、龍のウロコ4～5枚も寺宝として大切に保管。ただし箱を開けると大雨になるといわれているため、見ることはできません。

大安寺
場所 静岡市葵区南沼上 3-18-7
電話 054-261-6562

大正寺
場所 静岡市駿河区大谷 3660-1
電話 054-237-1520

乾龍を納めた木箱を寺宝とする龍巣院

下田市

乾龍

法力で毒龍がどんどん縮んでいく!?

下田の稲生沢（いのうざわ）川近くの中原というところに、毒龍がすむという古池がありました。村人は龍の毒を恐れて池のほとりを歩くのを避け、わざわざ遠回りをしていました。それでも時々、龍の毒気にあてられる人がいて、食事も喉を通らず2〜3日寝込んでしまいます。また、龍は時々池から出てきては田畑を荒らしたりするので、村人たちは困っていました。

あるとき禅寺の吾宝という僧がこの地に来て、毒龍の話を耳にし、なんとか龍を封じ込め、村を救わなければと決心しました。吾宝は杖を池のほとりに立てると、魔呪品（まじゅぼん）を唱え始めました。2日ほど経つと池の水が減り始め、時折苦しそうに水面に姿を現す龍の体も、水が少なくなるにつれ小さくなっていきました。池の水が干上がったとき、龍は小さな蛇のようになって干からびて死んでいました。村人たちは吾宝の法力と徳を慕って、この地に龍巣院というお寺を建てました。そして干からびた龍を「乾龍（かんりゅう）」と呼び、木箱に納めて寺宝にしました。それから何年か経った夏のこと。何カ月も雨が降らず、川や池の水が枯れてしまいました。「吾宝さんが封じ込めた乾龍に雨乞いをしたらどうだろう」。村人たちはそう話し合い、妙禅ヶ淵のほとりに小箱を置いてフタを開け、雨乞いをしたところ、まもなく雨が降り始めたということです。

乾龍を納めた木箱は、いまでも龍巣院にあるそうですが、非公開なので見ることはできません。住職も「私も見たことがありません」と話していました。箱を開けるとよくないことが起きる、災いが降りかかるとして、歴代の住職も木箱を開けたことがないそうです。妖怪退治にもいろいろな方法があるようですが、龍が干からびてしまうというのは珍しいパターンかもしれません。

龍巣院

場所　下田市箕作 620-1　電話　0558-28-0103

備考　境内は見学自由。ただし乾龍の箱は一般公開されていない

淵の底にあったのは乙姫さまがすむ龍宮城

諏訪湖に源を発し、200km余を流れてきた暴れ天竜も、遠州平野に出れば緩やかな流れとなります。その山あいから平野に出る部分が、浜松市天竜区の国道152号線と天浜線の鉄橋がある「鹿島橋」です。今も天竜川の流れが最後に大きくカーブする淵があり、大きな椎の木があったことから、「椎ケ淵」と呼ばれてきました。上流にダムが造られたため、今はさほどではありませんが、昔は常に激流が渦を巻き、神秘的な碧さを持った深い淵でした。すぐ近くにある椎ケ脇神社は桓武天皇の頃、東方征伐に出かけた坂上田村麻呂が激流を渡れず困っていた時、地元の人が助け、そのお礼にとまつられた安全航行の神様です。

ある日、ここの神主が木の枝を切っていたところ、誤ってナタを椎ケ淵に落としてしまいました。取ろうとした瞬間、足を滑らせて気絶し、目を覚ますとそこは光り輝く龍宮城。そして乙姫さまが現れ言いました。「二度とナタを落とさないこと、龍宮城の存在を他言しないこと。約束してくれたら、今後、入り用なものは何でも貸しましょう」。

地上に戻った神主は、急な客人で寝具や器などが足りないと淵に来て願い、用意してもらいました。おかげで、お殿さまを迎えたときは褒美をもらいました。周囲の人々は滞りなく仕度ができる理由を知りたがりましたが、神主は黙っていました。しかし話したい欲求は募り、とうとう「喋らなければいいのさ」と屁理屈を言い、事の経緯を紙に書いて教えてしまいました。すると急に手が震え、筆が持てず、字が書けなくなりました。またこれ以降、淵に声をかけても何も貸してもらえなくなったそうです。

ここより2kmほど南西の岩水寺に、坂上田村麻呂に関連して赤蛇（大蛇）伝説があります。大蛇は洞穴で椎ケ淵と往来でき、さらに諏訪湖とも行き来できたそうです。岩水寺の山号は「龍宮山」で、龍宮城とつながります。古文書によると神主が会ったのは乙姫さまでなく、龍神だということです。

天竜川の淵には数々の龍神伝説が残る

岩水寺には天竜川につながっているという洞穴（鍾乳洞）がある

椎ケ脇神社
場所　浜松市天竜区二俣町鹿島 1-14
電話　053-925-3071

龍宮山 岩水寺（がんすいじ）
場所　浜松市浜北区根堅 2238
電話　053-583-2741

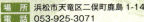

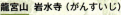

山門の龍の彫刻。お腹に刀傷が見える

夜ごと彫刻から抜け出し、龍が田畑を荒らし回る

袋井市　山門の龍

袋井市笠原地区、のどかな田園地帯を前にした小高い山ふところに延徳元（1489）年、太素省淳（たいそしょうじゅん）和尚によって開かれた曹洞宗の龍巣院（りゅうそういん）があります。太素和尚が修行を終え、寺を建てる場所を思案していた時のこと、夜ごと枕元に龍神が現れ、「私が今住んでいる岡崎（現・袋井市）の大池を寄進するからそこにしなさい。私も守護神として長くお寺を守ってあげるから」というお告げがあったそうです。そこで言われた場所に出かけてみると、白髭の老人が待っていて先を歩き始めました。大池に向かって行くと、みるみる池が干上がり平地ができました。さらに歩き、現在の奥深い山ふところに着きました。そこで、山号を「長嶽」、龍のすみかを譲ってもらったことから「龍巣院（りゅうそういん）」というお寺の名前を付けました。

それから150年余、本堂の南側には山門が寄進され、左甚五郎の作といわれる龍虎の彫り物の額が掲げられていました。龍と虎が向き合っている迫力ある出来栄えに、村人はいつも感心していました。

山あいの山門から本堂へまっすぐ伸びる参道

お寺を守る龍神は、額に彫られた龍に対し、「お前も私と同じようにお寺を守るためにそこにいるんだよ。山門でよく見張りをし、怪しげなやつを入れるではないぞ」と忠告していました。

ある時、夜中に龍が周辺の田畑を踏みつけるなど、暴れ回っているといううわさが立ちました。目撃情報から山門の龍ではないかということになり、暴れ回っている時に確認してみると、案の定、山門の彫刻は抜け殻になっていました。村人たちは「これでは作物ができない。何とか静かにさせてくれないか」と北箇元寿（ほっかんげんじゅ）和尚に懇願しました。そこで和尚がこのお寺を守っている龍神に相談すると、「まだ若く、夜中に遊び回る困ったやつだから、お灸をすえなさい」と言われました。そこで和尚は山門でお経を唱えながら数珠を投げつけ注意しましたが、全く言うことを聞きません。相変わらず夜に暴れ回るため、今度はお経を唱えながら刀で龍の胴の部分をスパッと突き刺しました。するとようやく龍が夜中に山門から抜け出し、遊びに出かけることはなくなったといいます。

暴れ龍を鎮めた太刀の跡が今も残る

この12代目の北箇和尚は武田勝頼の旗本頭を務めた経験があり、剣術にも優れていました。彫刻の龍の胴部分、最初の曲線部分のお腹にはタテにまっすぐ斬りつけた太刀の跡が残っているので、ぜひ確かめてください。

境内には静岡県内では数少ない一字一石経が納められた鞘（さや）堂や十王像、遠州三十三観音札所の第十三番得霊場として有名な十一面観音など、多くの仏像などがまつられています。

本堂前の水鉢にも躍動的な龍の彫り物がある

長嶽山 龍巣院

場所 袋井市岡崎 6365　電話 0538-23-4049

龍コレクション

名工により生み出された龍には、
いつしか不思議な力が宿るようです。
県内各地に残る墨絵、彫刻4点
をご紹介します。

静岡浅間神社「水呑の龍」

漆塗り極彩色の壮麗な社殿は国の重要文化財に指定され、「東海の日光」とも称されています。広い境内で注目したいのは、神部神社・浅間神社の楼門に彫られた伝説の名工、左甚五郎による「水呑（みずのみ）の龍」。躍動感あふれる龍は、安永の火災で社殿が炎に包まれたとき、池に下りてきて口に水を蓄え、消火活動を手伝ったといわれています。

住所／静岡市葵区宮ケ崎町 102-1
問合／ 054-245-1820

長八記念館「雲龍」

浄感寺本堂（記念館）の天井に描かれた「雲龍」は、江戸中期から明治初年代に活躍した漆喰細工の名人、入江長八の作品です。和紙を何枚も重ね、その上に筆で絵を描いた墨絵で、ところどころに漆喰が塗られています。龍の表情は怖い顔に見えたり、細面に見えたり、見る場所によって変化するといわれ、今にも舞い降りてきそうな迫力です。

住所／賀茂郡松崎町松崎 234-1
問合／ 0558-42-0481

奥山方広寺「昇り龍、下り龍」

老杉に囲まれた臨済宗方広寺派の大本山の一画に、開山した無文元撰（後醍醐天皇皇子）を守護した半僧坊をまつる真殿があります。拝殿では左甚五郎の孫弟子、岩五郎による一対の龍が迎えてくれます。無文元撰が毒虫に悩む龍女を救ったり、洪水の天竜川を渡れない時は龍が橋に変わってくれたという伝説にちなんだ、迫力のある一木彫の彫刻です。

住所／浜松市北区引佐町奥山 1577-1
問合／ 053-543-0003

龍潭寺「左甚五郎作の龍」

徳川四天王、井伊直政をはじめ井伊家40代をまつる菩提寺であり、小堀遠州作の庭園でも知られる龍潭寺。その開山堂に左甚五郎作の龍の彫刻があります。ある時、夜な夜な寺から抜け出し、田畑を荒らしているといううわさが流れました。困った和尚が龍のヒゲを1本抜いたところ、おとなしくなったといいます。彫刻の手前のヒゲが折れています。

住所／浜松市北区引佐町井伊谷 1989
問合／ 053-542-0480

藤枝市瀬戸谷で妖怪ツアー開催

問い合わせ　同協議会の佐野さんへメールで
contact.setoya@gmail.com

妖怪の出没談を聞いたり、痕跡をたどって天狗を探す（藤枝おんぱく）

「神主だった祖父から妖怪に遭遇したときの話をたくさん聞いたことが、妖怪に興味を持ったきっかけ」と佐野さん

藤枝市北部、のどかな風景が広がる山あいの瀬戸谷地域には今でもさまざまな妖怪がすみついているとか。川では河童、神社では巨大なカラスのような天狗、坂の上では人を化かすきつねに出会ったという人も！

そんな妖怪談を聞きながら瀬戸谷の自然を満喫しながら歩く「妖怪ツアー」が、妖怪博士として活動する佐野雄基さんを中心に、「こんなセトヤ、すてきです。協議会」の瀬戸谷を愛する若者たちにより開催されています。地域イベント「藤枝おんぱく」で年１回定期開催しているツアーでは、「妖怪旅路図巻」を手に、指令をクリアしながら天狗を探す内容が子どもに大人気。10人以上集まれば、要望に合わせて単独開催もしてくれるので興味のある方はご相談を。

伊豆のお寺にひっそり伝わる肉付きの龍のウロコと爪

問い合わせ　曹洞宗 龍泉山 慈光院
伊豆の国市韮山多田 937
055-949-0423

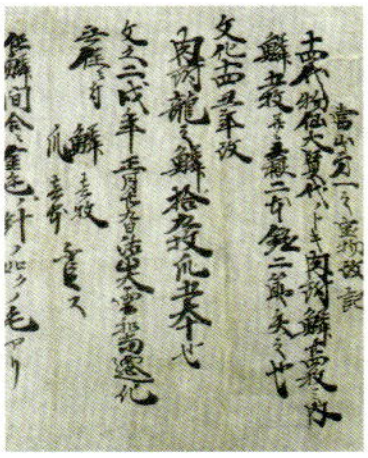
文久２年の書き付けにもウロコと爪のことが記されている

盗難に遭い、当初より小さくなったというが、それでもこの迫力

戦国時代初期のこと、伊豆の国市韮山多田では、古池の湿地帯に龍が生息し、非常に恐れられていたそうです。永正7（1510）年、弓の使い手の梅原入道実正が所用で出かけた際、途中で龍を発見して強弓で射止めますが、その後、村では疫病が流行り、龍のたたりだとうわさされました。そこで龍の霊を供養し、疫病を鎮めるために建立されたのが「慈光院（じこういん）」。退治した龍のものとされる、皮膚状のものに付いたウロコ17枚と爪４本、そして針のような数本の毛が500年にわたり奉安され、毎年 5月5日に龍神祭が行われてきました。文久２(1862)年の寺宝についての書き付けにも、この龍のウロコと爪のことが書かれています。公開していたときもありましたが、現在は特別開帳のとき以外は非公開です。

地蔵菩薩が安置されている慶龍寺

鬼のいた場所

鬼は巻き毛の頭に角、口にきばがあり、物すごく怖い形相をしている。不幸や不吉なことをもたらす鬼と、神の使いとしていいことをもたらしてくれる鬼がいる。中国から伝わってきた鬼が前者で、日本本来の鬼は「隠魂」と書き、いつも姿を見せないで子孫を見守っている先祖の神様的な存在。外敵のほか、人の心の中が変化する鬼もある。実体のあるものもあれば、実体のないものもあり、悪の象徴でありながら地獄では番人をして、仏教を守る側にもいるという、さまざまな面で両極に存在する妖怪である。金棒を持ち、牛の頭に虎の腰巻として描かれる姿は江戸時代に固定化された。これは陰陽道で丑寅（うしとら）の方角（北東）を、鬼が出入りする「鬼門」とするところからきている。

静岡市葵区　食人鬼

十粒の団子に砕いて峠の食人鬼を退治

静岡市と藤枝市の間に位置する宇津ノ谷峠は、古くから東海道の難所として知られてきました。平安時代、峠北側の深い谷にあった梅林院というお寺では、和尚が原因不明の病気にかかり、痛みをとるために毎日、小僧に血膿を吸わせていたそうです。始めは嫌がっていた小僧でしたが、いつしか血と肉の味を覚え、とうとう人を食べる鬼となってしまいました。そして峠を通る旅人を襲うようになり、峠は通る人が少なくなり、荒れ果てていきました。

「十団子も小粒となりぬ秋の風」と秋の深まりを詠んだ芭蕉の弟子、森許六の句碑

ある日、在原業平が天皇の命令で京都から東国に下るとき、宇津ノ谷峠にさしかかり、鬼の噂を耳にしました。そこで業平は「どうか菩薩の力で食人鬼を退治してほしい」と地蔵菩薩に祈願。地蔵菩薩は業平の願いを聞き入れ、旅の僧に姿を変えました。

旅の僧となった地蔵菩薩が峠を越えようと歩いていると、かわいい子どもが現れました。しかし、僧は子どもを鬼だと見破り、「お前は童子なんかじゃない。村人や旅人をとって食う鬼だろう。お前を成仏させてやるから正体を現せ」と一喝。途端に6mほどの大きな鬼が現れました。「たいしたもんだな。そんなに大きくなれるのなら、この手の平に乗るくらい小さくなれるか」と僧が聞くと、「簡単だ。できるに決まっている」と鬼は得意になって小さな玉になりました。すかさず僧は持っていた杖で打ちすえました。すると空が急にくもり、雷鳴がとどろき、玉は砕けて10個の粒になりました。それを僧は、あっという間に一口で飲み込んでしまいました。

こうして鬼はいなくなり、村人も旅人も安全に峠越えができるようになりました。村人は地蔵菩薩を厚く信仰するようになり、鬼のたたりをおそれ、米粉を丸め、乾かして作った団子に麻のひもを通し、数珠の形にした十団子を作って供養しました。

室町時代から続く災難除けの団子

現在、地蔵菩薩は慶龍寺（静岡市駿河区）に移され、毎年、8月23日・24日に行われる地蔵盆には市内外から多くの人が参詣に訪れます。

檀家の手で作り続けられている十団子は、災難除けとして人気があります。宇津ノ谷地区の家々では、軒先に十団子を吊るして祈る風習があり、そこかしこで風に揺れる十団子を見ることができます。

十団子は災難除けのおまじないとして人気。8月23日、24日の地蔵盆の２日間のみ慶龍寺で販売

慶龍寺

場所　静岡市葵区宇津ノ谷 729-1　電話　054-259-1309

備考　地蔵菩薩は 21 年ごとに御開帳。2016 年の次は 2037 年を予定

藤枝市

鬼岩・鬼の爪跡

岩に封じ込められた鬼。境内には爪痕もくっきり

鬼の爪痕の残る鬼かき岩。爪痕を３回なでてお祈りすると手芸や書道がうまくなるという

1200年ほど前のことです。藤枝の村（現・藤枝市藤枝）に毎晩のように鬼が出て、人を悩ませたり田畑を荒らしたりするので村の人たちは困り果てていました。

ちょうどそこへ東国を巡っていた空海上人（後の弘法大師）が通りかかり、村人は鬼退治を頼むことにしました。上人は村人の願いを快く聞き入れ、村のお寺に泊まり込んで五大尊の姿を熱心に描き、完成させました。そして、お寺の西の山に突き出た岩肌に画像をかけ、その前で七日七晩、祈り続けました。

鬼岩寺の裏山では毎年8月20日、大きな音で驚かせて鬼を封じ込める花火大会が催される

いよいよ満願の日、村人たちが大勢集まり、上人の後ろに並んで祈っていると、今までからりと晴れていた空の一角に黒雲が浮かび、たちまち頭上を覆い尽くしました。そのうち稲妻が光り、雷鳴が轟き、村人は恐怖で震え上がりました。

長い祈りが終わると、稲妻も雷鳴も止み、雲一つない空に戻りました。指さされた大岩を見ると、なんと小さな穴が数限りなく空いていました。この穴に鬼を封じ込んだのです。それから鬼は出なくなり、その岩を「鬼岩」、お寺の名前も「鬼岩寺」と呼ぶようになりました。境内には、鬼が悪さをする時に研いだという爪痕のある「鬼かき岩」が今も残っています。

黒煙とともに黒犬の群れ現る

鬼岩寺で飼われていたクロという強い犬の話も有名です。ある日、田中城の城主は自慢の犬シロが勝負に負けたことに怒り、クロを打ち首にするように命じました。追いつめられたクロが井戸に身を投げると、黒煙が立ち上り、何百何千という黒犬となって一斉に吠え立てました。城主はクロに詫び、黒犬神社を造ってまつりました。

鬼岩寺

場所　藤枝市藤枝 3-16-14　電話　054-641-2932

備考　「鬼岩」がある場所は私有地のため見学不可

鬼がよく出没したという「鬼橋」

川には鬼の足跡のように窪んだ「足形」がたくさんある

バス停の名前は、ずばり「足形」

機転を利かせて鬼を爆破。鬼のいない平和な村に

芝川沿いに県道414号線を北上、静かな内野の里に「鬼のいない村」と呼ばれてきた地域があります。

昔、富士山の西のふもとの岩穴に鬼がすんでいて、夜になると村に出てきて、畑を荒し回ったり、女性や子どもをとって食ったりするため恐れられていました。なかでも、内野の里と足形の里を分ける丸木橋の辺りによくやってきて、川に下りては遊んでいくため、足形の人たちは退治をしようと相談しました。そこで鉄砲の名人と評判の治兵衛さんを中心に、猟師たちが橋のそばで待ち伏せることに。かすり傷を負わせただけにとどまりましたが、鬼は「もう悪さをしない」と逃げていきました。しかし、鬼に怯えずに過ごせたのも束の間、再び鬼が村で悪さをはたらくようになりました。

そんなある日、治兵衛さんは獲物を追って山の奥まで入りすぎてしまい、村に着く頃にはすっかり日が暮れていました。橋にさしかかると、橋の上に見えた人影は鬼で、こちらに向かってきます。無我夢中で鉄砲を撃つと、鬼の腹を打ち抜きました。鬼は叫びながら橋の下へ落ち、治兵衛さんは一目散に家に逃げ帰りました。

その夜、お寺の門を激しく叩くものがいます。和尚が出てみると、大きな鬼が立っていて、「傷薬を持ってこい」と怒鳴りました。弾傷を見てすべてを理解した和尚は一策を講じ、特効薬だとウソをついて火薬が入った竹筒と火打石を渡しました。早速、鬼は原っぱで竹筒を腹に当て、こよりに火をつけました。すると、ババーンと大きな音がして竹筒が破裂し、鬼の体は木っ端みじんに吹き飛びました。

鬼は以降、一度も現れていません。そこで節分のとき「鬼は外」の豆まきの必要がなくなり、現在もこの辺のお宅では豆まきをしないそうです。

鬼橋

場　所　富士宮市内野「足形」バス停前　**電　話**　0544-22-1187（富士宮市教育委員会文化課）

大人になった金太郎、鬼の頭領を仲間と成敗。

金太郎の産湯をくんだと伝わる「ちょろり七滝」

金太郎の生家跡に建てられた金時神社。安産・子育ての神様として知られている

小山町

昔話でおなじみの金太郎。小山町が生誕の地とされていることをご存知ですか。そして成長した後、妖怪退治の専門集団「頼光の四天王」の一人として名を残すことを。

平安時代中期956年5月、足柄山の近く、小山町でやまんば、八重桐を母として赤い体をした金太郎が生まれました。金太郎は大変力の強い元気な子どもに育ち、いつも大きなまさかりを肩に、けものや魚、鳥などを仲間として山中を裸でかけまわり熊と相撲をとり遊んでいました。

ある真夏の一日、金太郎が沼子の淵に立っていると、自分の背丈より少し大きな緋鯉が、池の王者のようにゆうゆうと泳いでいるのが見えました。金太郎は池に飛び込み、大鯉に抱きついたため、池の王は満身の力を尾にこめてうろこを光らせながら、激しく水を叩きました。この姿は五月人形になり、浮世絵にもよく描かれています。

特別住民票

氏名	足柄山の金太郎
住民となった日	天暦10年(西暦956年) 5月3日
住所	静岡県駿東郡小山町中島(金時神社)
交付理由	小山町のシンボルとして町民に元気を与え、小山町の素晴らしさを伝えているため。

平成24年 8月 1日
小山町長 込山正秀

小山町政施行100周年を記念し、金太郎に交付された特別住民票

「頼光の四天王」として坂田金時、鬼退治で大活躍

金太郎が20歳になった頃、総州（現・千葉県）の太守、源頼光（らいこう）が任期を終えて京に帰る途中、足柄山に赤い雲がたなびいている峰を見ました。「あの赤い雲の下にはきっと偉大な人物がいる」

金太郎親子が深く信仰していた「第六天社」

富士山を背景に、「道の駅ふじおやま」の金太郎像

と確信し、頼光は家来の渡辺綱（わたなべのつな）に探させ金太郎を見つけ出しました。金太郎は頼光の家来となり「坂田金時」と名づけてもらい、そのときから渡辺綱、碓井貞光（うすいのさだみつ）卜部季武（うらべすえたけ）とともに「頼光の四天王」と呼ばれるようになりました。

その頃、都では娘たちが大江山の鬼、酒呑童子（しゅてんどうじ）にさらわれ、行方知れずになることが相次いでいました。帝は頼光に鬼たちを退治するように命じました。頼光は坂田金時をはじめとする四天王と藤原保昌（やすまさ）を従え、山伏になりすまして大江山へ出発しました。途中、妻や娘を鬼にさらわれてしまったという3人の年寄りに出会い、人が飲めば百人力、鬼が飲めば体がしびれるという酒と、鬼には決して斬ることができない兜を授けられました。実は、年寄りたちは神様でした。

鬼の館にたどり着き、「道に迷った」と酒呑童子に伝えると、館に招き入れられ、酒宴が始まりました。早速、先ほどの酒を都の酒だと言って振る舞うと、鬼は酔っぱら

金太郎にちなんだお菓子やグッズなども各種販売

金時公園のシンボル「まさかり」

い、体がどんどんしびれていき、とうとう眠ってしまいました。一方、その酒を飲むと頼光たちは勇気百倍となり、酒呑童子と手下たちを斬りつけました。首だけになった童子が襲いかかってきましたが、神様からもらった兜をかぶっていたので傷一つつきません。見事に鬼征伐をなしとげ、都の人々はその功績を褒めたたえました。

数々の武勇伝を残した坂田金時はその後、筑紫へ向かう途中、勝田（現・岡山県勝央町）で亡くなったと伝えられ、同地にお墓と神社があります。小山町とは金太郎がとりもつ縁で姉妹縁組を結んでいます。

小山町中島の生家跡には金時公園が整備され、毎年5月に「富士山金太郎春まつり」が盛大に催されます。小山町の小学生は、元気いっぱいの金太郎にあやかり、神社前に作られた土俵で子ども相撲をとる習わしになっています。

問い合わせ：0550-76-6114（小山町役場商工観光課）

不思議百景

石があちこちから顔を出している。年月を経て、ある日ぽとりと生まれ落ちる

先代の 29 代住職までの墓標が並ぶ

子生れ石をまつる社。子宝祈願で人気のスポット

牧之原市　子生れ石

ある日、石がぽろりと生まれ出る

大興寺の境内の奥、竹林の中にひっそりと並ぶまゆ形の石。これは遠州七不思議の一つに数えられている「子生れ石」で、歴代の住職の墓標だといいます。

大興寺は約600年前、大徹和尚により開山されました。和尚は九十余歳で大往生を遂げた際、「わしの身代わりとして、裏山より石が生まれるであろう」と予言をしたそうです。その言葉通り、亡くなった直後、まゆ形の石が裏山の岩面からぽろりと転がり落ち、弟子たちはこれを大切に持ち帰りました。以後、現代に至るまで住職の一生を見届けるように石が生まれ、代々、墓標として据えられてきたそうです。

石が生まれる場所は、同寺から車で7~8分の所にある小川です。駐車場から川沿いに散策道が整備され、徒歩5分ほどでその現場に着きます。目当ての石は一つ二つかと思いきや、川べりの崖の岩面や水際のあちこちから丸い石が顔を出しています。継ぎ目のない「無縫塔」と呼ばれる石で、全国的に見ても珍しいそうです。住職の墓標に使用されるのは、きれいなまゆ形の石に限定されています。どうして石が生まれてくるのか、なぞに包まれています。

歴代の住職が長寿であったということから「長寿の石」として、また子どもが生まれるように石が現れることから「子授けの石」「安産の石」など、縁起の良い石として信仰を集めています。最近は特に子宝を望む人たちから人気があり、県外から足を運ぶ人も増えています。小川のほとりの社(やしろ)には、千羽鶴や願かけした石がたくさん奉納されています。お参り後に近くの「さがら子生れ温泉会館」でゆっくり温泉に浸かれば、ご利益も倍増というものです。

大興寺
場所　牧之原市西萩間426、相良バイパス西萩間ICからすぐ

子生れ石
場所　牧之原市西萩間、東名牧之原 IC から車で約８分
電話　0548-53-2623（牧之原市観光交流課）

現在は傷みが激しく、椿を右手に持っているか確認できない。東伊豆町指定文化財

東伊豆町　八百比丘尼

人魚の肉を食べて不老不死の力を得た美女

若狭の国（現・福井県）の長者に美しい娘がいました。ある日、父親がある男から夕食に招かれ、屋敷の中を案内してもらっていると、調理場で奇妙な生き物を調理しているのを見ました。出された料理は最高の珍味だということでしたが、招かれた人たちは誰も手をつけません。それは人魚の肉でした。食べないならと土産に渡され、長者は家に帰ります。人魚の肉に興味を持った長者の娘が思わず食べると、なんとおいしいことでしょうか。それからというもの、娘はまったく年をとらなくなりました。

不老不死の力を羨ましがる者もいましたが、その力を得ると同時に、家族や友人に先立たれ、独りきりで生きていかなくてはならない運命を背負ったのです。その悲しみに耐えようと、娘は出家して尼僧になり、全国行脚を続けながら人々に神仏の信仰を説く旅を続けました。そして800歳になったとき、若狭に戻り洞窟に入って行き、二度と姿を現しませんでした。

八百比丘尼は800歳まで生きた伝説の女性です。年をとっても白く美しい肌をしていたことから「白比丘尼」とも呼ばれています。石像は伝説が伝わる北陸地方に点在するそうですが、東伊豆町稲取にもあり、赤い鳥居が目印。石像3体がまつられていますが、中央の大きな石像が八百比丘尼です。

民俗学者、柳田国男の高弟である折口信夫がたまたま旅行で東伊豆町を訪れ、石像が女性の姿で右手に椿の花を持っていることから、「これは不老不死の苦しみから、椿を片手に全国各地を回ったという八百比丘尼に違いない」と言ったそうです。氏の代表的な著書『古代研究』国文学編の巻頭写真で、昭和初期当時の姿を確認できます。

人魚の肉を食べ、永遠の若さを手に入れた八尾比丘尼。その美しさに求婚者があとを絶たなかったといい、石像を拝めば良縁に恵まれるというご利益があるそうです。

八百比丘尼

場所　賀茂郡東伊豆町稲取　　電話　0557-95-0700（東伊豆町観光協会）

円山応挙作と伝えられる幽霊画のたたり

江戸時代、大井川には橋がなく、川越えで足止めをされることがありました。駆け出しだった若き日の絵師、円山応挙が修行の旅で島田宿（現・島田市）を訪れた時も雨が続き、何日もの間、民家に滞在することになったそうです。

ある晩のこと、応挙が眠れずにふと廊下に目をやると、髪をざんばらにし、やせこけた青白い顔の女がぼおっとたたずんでいます。女はふっと奥の方に消えました。応挙の背筋は凍りつきました。実は女はその家の病人で厠（かわや）に立つところだったのですが、その姿は幽霊そのものでした。

女のあまりに凄みのある様子に強い衝撃を受けた応挙は筆をとり、一気にその姿を描きあげました。絵は沼のほとり、月の光に照らされ、アシの茂みの中に立つ足のない女の幽霊でした。

やがて川止めが開け、応挙は滞在のお礼にと絵をくるくると巻き、主人に渡しました。主人はその絵をそのまま戸棚にしまいこみ、いつか忘れてしまいました。ところが、それからというもの、主人の身内に悪いことが重なりました。思いあまって祈祷師に占ってもらうと、その幽霊画のたたりであると言われたのです。主人は恐ろしくなって絵を手放しましたが、ひとたび絵を手にした家には、不幸なできごとがたび重なります。次から次へと人の手に渡った後、寺なら不幸は起きないだろうと、絵は白岩寺に納められました。その後、たたりは起こらなくなったということです。

幽霊画といえば足のない絵という約束ごとができあがったのは、応挙の絵が最初であるといわれています。今も、白岩寺には幽霊画の掛軸が大切に保存されています。門外不出、写真撮影も禁止のため、絵はお寺でしか見ることができません。見たい方は事前に連絡をしてお出かけを。

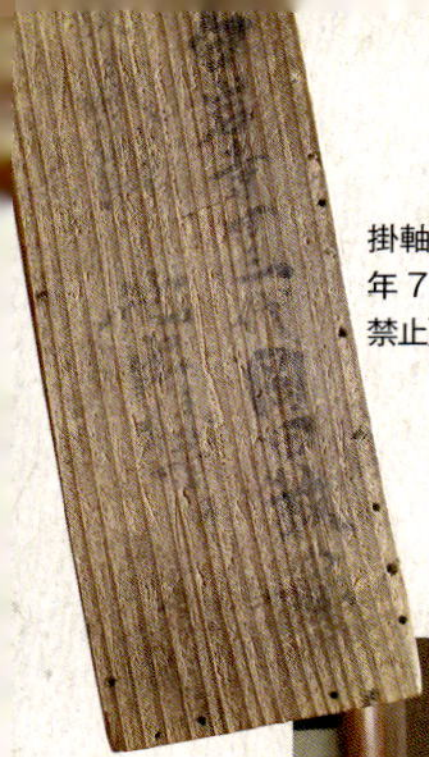

掛軸の箱書き。慶応 3（1867）年 7月奉納、禁他出（持ち出し禁止）の字が見える

掛軸は奉納されたときの状態のまま大切に保管されている。ふたを開ける緊張の瞬間

黄檗宗の禅寺　白岩寺

白岩寺

場所　島田市御仮屋町 9957　電話　0547-36-1478

備考　お寺までの山道は高度な運転技術を要するため、ふもとの無料駐車場から徒歩（約10分）がおすすめ

近づいてよく見ると、石の表面に弘法大師が指で書いたと伝わる「南無阿弥陀仏」の文字がかすかに浮かんでいる。また刀傷らしき筋も見える

母親の魂が丸石に乗り移り、助けを求めて泣いた

掛川市

夜泣石

旧国道1号線沿い、小夜の中山トンネル脇、子育飴「小泉屋」の裏山を30mほど上った場所に、平安時代からの伝説で名高い「小夜の中山　夜泣石」があります。歌川広重の浮世絵「東海道五拾三次　日坂」でも急勾配な坂の続く街道に大きな丸い石が描かれていて、名所として知られていたことが分かります。

この丸石を舞台に、事件が起こりました。一人の妊婦が山頂の久延寺（きゅうえんじ）の観音様へ安産祈願をしに出かけた帰り、丸石にもたれて休んでいたところ悪漢に殺され、懐のお金を奪われます。幸い、刀の先が石に当たりお腹の赤ん坊を傷つけなかったため、切り口から無事に元気な赤ん坊が生まれました。その頃、久延寺では赤ん坊の泣き声が聞こえてくるのを不思議に思い、和尚が西に向かって下りて行くと、殺された女性の横で赤

夜泣石
場所　掛川市小夜鹿291
電話　0537-24-8711（掛川観光協会）

ん坊がぐったりしています。泣いていたのは、母親の魂が乗り移った丸石でした。和尚は寺に連れ帰り、母乳の代わりに水あめを与え、音八と名付けて大切に育てました。数十年後、音八は刃物の研ぎ師になります。ある時、刃こぼれのある刀を持ち込んだ侍がいました。理由を聞くと昔、小夜の中山で妊婦を斬ったときのものだと悪びれもせずに答えました。これも観音様のお導き。音八は名乗りをあげ、母の仇を討ったということです。

また、こんな話もあります。山のふもとのあめ屋に毎夜、お坊さんが三文（さんもん）分だけあめを買いに来ます。怪しんだ主人が後を付けていくと丸石の付近で消え、そばに赤ん坊が寝ていて、周囲にあめの棒が散らばっていました。久延寺の和尚に話すと、亡くなった母親の代わりに本尊の観音さまが毎夜抜け出し、あめを買って与えていたことに気付いたというものです。

昭和初期の写真。石の場所は同じだが、すぐ目の前（右側）を日本初の有料道路「中山新道」が通っていた

子育飴は箸でくるりと巻き取り 1本100円

久延寺境内にも伝説ゆかりの丸石がある

子育飴は門前の名物に

水あめで音八を育てたという話から、子育飴は小夜の中山の名物となり、久延寺は子育て観音として広く信仰されるようになりました。

江戸時代創業の小泉屋では、昔ながらの製法で子育飴を作り続けています。もち米と麦芽だけを約7時間、煮詰めて作る味は懐かしいと評判です。「柔らかすぎず、固すぎず、調整は火の入れ加減。煮詰める時間が短く、薄色に仕上がる冬のあめのほうが人気ですが、実はよく煮詰めた夏のほうが味がいいんですよ」と10代目のご主人が教えてくれました。

夜泣石は江戸末期までは、久延寺から西の日坂宿に降りていく街道の真ん中にありました。その辺りは丸石原と呼ばれ、昔から開墾のたびに丸石がよく出た地層でした。民家の庭先には一つや二つの丸石がどの家にも転がっていましたが、たまたま動かしがたい大きな丸石が路傍に捨て置かれ、それがいつしか伝説の石になったと思われます。久延寺の境内にも、伝説ゆかりの丸石が安置されています。

湖西市鷲津の名刹、本興寺の17代住職・日歓上人の出生譚として語り継がれている話もよく似ています。臨月の母親が墓場で死に、幽霊になった母親が近くのあめ屋に毎夜通って、あめで子どもを育てたというものです。

小泉屋

場所　掛川市小夜鹿57-8

電話　0537-27-1010

常霊山 本興寺

場所　湖西市鷲津384　電話　053-576-0054

備考　拝観時間9:00〜16:00、大人300円、子ども150円

伊豆七不思議

「伊豆七不思議」として伝わる、伊豆半島の不思議な現象や古い伝説をご紹介します。伝説の地は伊豆半島全域にバランスよく点在しているので、ドライブを兼ねて巡ってみるのもおすすめです。

沼津市

大瀬崎の神池

ダイビングスポットとしても人気の大瀬崎は、天狗の鼻のように突きでた長さ800mほどの半島です。富士山を背景に沖に伸びた半島と、青い駿河湾が絶景の観光地です。ここに大瀬神社（引手力命神社）があり、その境内、半島の一番先に天然記念物のビャクシン（常緑針葉高木）に囲まれた直径10

足湯が楽しめる観光名所「独鈷の湯」

賀茂郡南伊豆町

石廊崎の帆柱

石廊崎灯台へは駐車場から坂道を上り徒歩20分ほど。そこから参道を岬の先端に向かって50mほど下りて行くと、海上から30mの崖っぷちに、岩に覆われるような感じの「石室（いろう）神社」があります。「石廊権現」とも呼ばれ、古くから海上の守り神として知られていました。

ある時、播磨（現・兵庫県）の千

賀茂郡南伊豆町

手石の弥陀窟

レジャー釣り船の基地、手石港付近は海岸に洞窟が多い

下田市から国道136号線を南下。石廊崎に近い手石港は、近海漁

1 海に囲まれているのに、なぜか淡水

0mほどの丸い池「神池」があります。池の淵から海岸まではわずか数十mしかなく海抜も1mですが、不思議なことに池の水は淡水で、コイやナマズなどがすんでいます。

古くから神池を調査したり、魚を獲ったりすると、たたりがあるといわれてきました。なぜ、こんな場所に淡水の池があるのか、富士山の伏流水が湧き出ているとの説もありますが、いまだ謎となっています。風水師によると、神池には青い龍（四方の方角を守る四神の一つ）が横たわり、たくさんのコイがこの青龍を守っているそうです。

半島の先端に淡水の「神池」がある

2 川の中を杖で突いたら温泉噴出

伊豆市

独鈷（とっこ）の湯

修善寺温泉の真ん中を流れる桂川。川の中央にある東屋付きの「独鈷の湯」が、伊豆最古の温泉として知られる修善寺温泉の起源です。大同2（807年）、同地を通りかかった弘法大師（空海）は、病の父親を冷たい川の水で洗っている少年を見かけました。気の毒に思った大師が河原に下り、そこにあった平たい岩を、手にしていた独鈷（金属でできた杖）の先でつつくと、不思議にも温泉が噴き出してきました。そして「父の体をこの湯でよくぬぐってやりなさい」と言って立ち去っていきました。それから少年は父親を背負って毎日のように通い、父親の病は日増しに癒えて健康を取り戻しました。

その後、温泉は川の中の露天風呂として修善寺の名物になりました。しかし台風の水害で壊れ、2009年に19m下流に移設されました。現在は足湯として親しまれています。

3 捧げた帆柱を崖の神社が吸い寄せる

石船がこの沖にさしかかった時、大嵐に遭いました。船は大波に木の葉のように揺れ、危険を感じた船主は、岬に見えた石廊権現に「どうかお助けください。助けていただいたなら、この帆柱を神社に捧げます」と願いました。するとぴたりと嵐が静まり、無事に江戸に荷物を運ぶことができました。帰りの航路も順調でしたが、この石廊崎の沖にさしかかると風が凪ぎ、船が止まってしまいました。船主は往路の時の約束を思い出し、急いで帆柱の1本を切って海に投げ入れました。すると急に大波が立ち、帆柱は波に乗り石廊権現に打ち上げられました。そうして船は無事に播磨に帰ることができました。

この帆柱は現存し、神社の床の一部（ガラス窓）から見ることができます。

足下のガラス窓から帆柱が見える

4 洞窟のアワビが特効薬に

業基地として特にレジャー用の釣舟の基地として知られています。

昔、この近くに七兵衛という漁師がいました。妻を亡くし、3人の子どもを抱えて貧しい暮らしを送っていたところ、末の三平が重い病気にかかってしまいました。近くのお寺に願をかけて朝夕お参りしていると、ある日、七兵衛の夢枕に観音さまが現れ、「洞窟の海底にあるアワビを獲って食べさせよ」とのお告げがありました。早速、小舟で洞窟に向かうと、奥から金色の光とともに3体の仏様が現れました。まぶしくて目がくらみ船底にひれ伏し、おそるおそる目を上げると、船の中にはたくさんのアワビが投げ込まれていました。これを持ち帰り、三平に食べさせたところ、病気はみるみる回復しました。この洞窟での霊験は人々のうわさとなり、全国に知られるようになったといいます。

この海蝕洞窟は「手石の弥陀ノ岩屋」の名称で、国の天然記念物に指定されています。

5 禁酒して鳥肉も玉子も食べず1週間

賀茂郡河津町

河津の鳥精進・酒精進

早咲きの河津桜で知られる河津川の近く、河津町役場の南に、天然記念物の大クスでも知られる「来宮神社」があります。ここの氏子が古代から守っている不思議な風習があります。それは1週間、鳥肉を食べない、玉子も食べない、お酒を飲まないというものです。

その昔、河津の里に杉鉾別命（すぎほこわけのみこと）という武勇に優れた男神がいました。ある日、酒に酔い、野原の石にもたれて眠っていると、火事が起こり、あっという間に火に取り囲まれてしまいました。万事休すと思ったとき、無数の小鳥が飛んできて、河津川に飛び込んでは羽に水を蓄えて戻り、火を消してくれました。危うく難を逃れた杉鉾別命は酒を慎むようになり、村人にも一層慕われるようになったということです。

この伝承に由来して、杉鉾別命が災いに遭った12月18日～23日の間、鳥肉や玉子、お酒を断つ「鳥精進、酒精進」が今も続いています。この禁を破ると、火の災いに遭うと伝えられています。またこの時期は、学校給食の献立も鳥肉と玉子を使わないそうです。

河津町の来宮神社

6 心悪き人は橋が揺れて渡れない!?

賀茂郡西伊豆町

堂ヶ島のゆるぎ橋

天平年間、堂ヶ島には紀伊国（現・和歌山市）熊野から移り住んだ海賊の一団がいました。首領は墨丸といい、多くの手下を従え、沖を行く船を襲ったり、近隣の村々の産物を略奪したりしていました。

ある年、近くの村で例年通り、都への貢物として鰹節や砂金を荷造りしている時のことでした。墨丸率いる海賊が押し入ってそれらを強奪しました。意気揚々とアジトへ帰ろうとして、薬師堂の前の橋にさしかかった時です。橋がまるで大地震に見舞われたように大きく揺れ、海賊たちは次々と転落しました。重い砂金を担いだ墨丸が渡ろうとすると、仁王様が現れ、墨丸はつまみあげられ、そのままお堂の薬師如来の前に差し出されました。薬師如来は罰を与える代わりに、人の道を延々と説きました。

心を打たれた墨丸は以後、この薬師堂の守護に尽くすようになったといいます。この橋は心の汚れた人が渡ろうとすると揺れ出すので、「ゆるぎ橋」と呼ばれるようになりました。その後、水害などで薬師堂も橋も流され、なくなってしまいました。

7 大岩の底から母の声がこだまする

田方郡函南町

函南のこだま石

昔、平井の村におらくと与一という親子が住んでいました。夫は戦に出たまま行方不明で生活に困っていたところ、地元の和尚さんの勧めで峠を越えた熱海へ行商に行くようになり、何とか生活できるようになりました。二人は商いに出かけるたびに峠の大きな岩のそばで、休憩しながら語り合うのを楽しみにしていました。暮らしも楽になり始めた頃、おらくが病で帰らぬ人となってしまいました。与一は悲しみのあまり、語らった大岩に向かって声を限りに母親を呼び続けました。すると岩の底から、「与一よー、与一ー」と懐かしい母の声がこだまして聞こえてきました。それから毎日のように、与一は母の声を聞きに出かけるようになりました。村人はその姿に心を打たれ、この大石を「こだま石」と呼ぶようになりました。

この石は新幹線の新丹那トンネルのすぐ南側、「酪農王国オラッチェ」の南西約2㎞の山の中にあります。

遠州七不思議

「遠州七不思議」は越後や信州と並び、全国的に知られています。七という数字は仏教では"たくさん"という意味があり、実際に話は七つ以上ありますが、今回は代表的な話を選んでご紹介します。

1 龍にお供えしたおひつが浮いてこない

御前崎市

桜ヶ池のお櫃（ひつ）納め

浜岡原子力発電所の北方1㎞の丘陵にあり、南方以外を原生林に囲まれた2万平方mの桜ヶ池は、水の入り口も出口もないという神秘的な池です。江戸時代から深さを測ろうとすると罰が当たるといわれています。また、麻糸に石を付けたものを舟から下ろしても必ず糸が切れたり、池の水を抜いて測ろうとすると暴風雨がきたりしました。この池には龍神がすんでいるといいます。平安末期、比叡山の皇円阿闍梨（こうえんあじゃり）が、56億7000万年後に現れるという弥勒菩薩に教えを請いたいため、変身して潜んでいるというのです。

以降、秋の彼岸の中日には赤飯を詰めたおひつを若者の手によって池に沈め、龍神に供える奇祭「お櫃納め」が行われています。数日後に、空になったおひつが浮いてくることが七不思議の一つです。このおひつですが、長野県の諏訪湖に浮いたこともあるため、この池と諏訪湖がつながって龍神が往来しているのではないかといわれています。もう一つ、浜松市天竜区水窪の池の平に7年に1度出現する幻の池は、龍神さまが休息するための池ではないかともいわれています。

周りを原生林で囲まれた桜ヶ池

遠州七不思議

2 命日に川の淵に大きな牡丹が咲く

浜松市天竜区 京丸ぼたん

天竜川の支流、気田川のいちばん上流に京丸（現・春野町）という5軒ほどの集落があり、源平の戦いで敗れた平家の落人たちが移り住んでいるとうわさされていました。食べ物や生活祭事の風習が、ふもとの住民とは違っていたからです。ある時この集落に若い男がやってきて住み込み、村長のきれいな娘と恋仲になりました。しかし村の掟で、他地域の人間と結婚してここに住むことはできないということで、二人は放浪したあげく川へ身を投じてしまいました。それから命日になると、川の淵に唐傘大の白いぼたんの花がぼーっと浮かび上がるようになり、京丸ぼたんと呼ばれるようになりました。

これに関して研究する学者も現れ、現地を調べ、この花は60年に1度咲く竹の花の種類ではないかとか、近くの岩岳に咲く天然記念物のアカヤシオ、シロヤシオの群落ではないかという説などが発表されました。京丸集落も今や住人はなく、村長をしていたという藤原家の家と樹齢が千年近い夫婦杉だけが残っています。

足気田川の上流、藤原家の家だけが残る京丸ぼたんの里

掛川市 小夜の中山夜泣き石

小夜の中山峠は金谷宿と日坂宿の間にあり、急峻な坂は滑りやす

袋井市、菊川市 三度栗（みたびぐり）

普通は1年に1度しか実をつけない栗ですが、8月、10月、12月と

3 片方しか葉がついていないアシが所々に

浜松市南区 片葉のアシ

豊臣秀吉がまだ藤吉郎と呼ばれていた頃、今の浜松市南区頭陀寺町の松下嘉平次という武士の家に下男として奉公していました。毎日の仕事の一つに草刈りがありましたが、いつも近くの池の淵で鎌を研ぐのが習慣でした。研ぎあがると、その切れ味を試すため、近くに生えているアシ（この地方では、ヨシとも言う）の葉を片手に持った鎌でスパッと振り払っていました。そのため、この近くのヨシの葉は軸の片方しか生えていない片葉ばかりになったといいます。

浜松市の市街地から海岸にかけ、島という字が入る町名が多いように、昔は天竜川が網の目のように流れ、島となっていた集落にはアシがあちこちにたくさん生えていました。頭陀寺町も周りを支流で囲まれていましたが、今ではすっかり住宅地となり、その一角の氏神様の境内に「鎌研ぎの池」の跡がひっそりと残っています。

片葉のアシの伝説は南区江之島町や西区の入野町や三ヶ日町にも残っていますが、これらはいずれも主人公の望郷の念から片葉が故郷の方向に向いて生えているという話になっています。

「秀吉鎌研ぎの池」の跡

掛川市 無間（むげん）の鐘

千年も昔のこと、菊川村にいた山伏が村々を回って寄付を集め、粟ヶ岳（あわがたけ）の頂上近くの観音堂に釣鐘を備え付けました。鐘の音は50km四方まで、きれいな音でよく響き渡りました。1度つくと災難を逃れ、2度つくと病気を除き、3度つくと

く、昼なお暗い寂しい峠道でした。広重の東海道五十三次にも描かれているように、道の真ん中にある大きな丸い石が夜泣き石で「これが、夜になると鳴き声がして、助けを求めたのか」と、旅人が感心して見ている様子が分かります。それほど、この石は江戸時代から有名で、江戸後期には数々の戯曲としても演じられ人気を集めました。明治14(1881)年の東京大博覧会には出展する石の船便が遅れ、ハリボテの中で人が泣いている偽物の夜泣き石が先を越して上京し、利益と話題をさらうという事件もありました。

4 戯曲にもなって演じられた人気の大石

　夜泣き石は、臨月を迎えた女性が峠で強盗に遭い、殺されてしまうが、幸いにも赤ちゃんは無事に出産。母親の魂はそばにあった石に乗り移り、泣いてわが子の危機を訴え、声を聞いて駆けつけた和尚が赤ちゃんを水あめで育てたという話です。近くで売っていた子育て飴が評判を呼び、名物となって今日まで続きます。

5 弘法大師や家康が植えていった栗の木

3度も実をつける不思議な栗があったということです。約400年前の戦国時代、浜松城にいた家康は戦い上手な武田信玄に、遠州のあちこちで悩まされていました。三方原の合戦で負けた後のこと、家来と大谷(現・袋井市)の山の中を歩いていた昼飯時、弁当を開くと箸が入っていません。家来は慌てて近くの栗の枝を2本折って差し出しました。食べ終わった家康はその栗の箸をぐいっと地面に刺し「俺が天下を取ったら芽を出し、1年に3度実をつけよ」と言って笑いました。家康が後に江戸幕府を開くと、この栗の枝は芽を吹き、1年に3度実をつけたそうです。

　今の菊川市の三沢地区では弘法大師が、子供たちが自分に栗を差し出したことに感動し、栗の実を土に埋めて右足で踏みながら呪文を唱えると、翌年から1年に3度実がなる栗の木が生えてきたそうです。同様に弘法大師を家康に置き換えた話が御前崎市大東町や森町にも残っています。

6 直線の海岸と南風が独特の唸りを伝える

遠州灘海岸 波の音

　遠州地方では「雷三里、波七里」ということわざがあるように、雷の音より波の音の方が遠くまで鳴り響いて聞こえるという不思議があります。特に台風が近づいている静かな夜は、ゴーッという波の音が海岸から30km以上北に離れた引佐町でも聞こえることは昔も今も変わりません。

　これにちなんで、漁師が助けて海へ帰してあげた波小僧や海坊主、さらに弘法大師が作ったわら人形が、これから悪天候になることを知らせているんだという伝説もあります。いずれにしても遠州地方には、定期的に打ち寄せる波が白砂青松の長い海岸線に続いていること。その高くなった波の音が雲に反射し、南風にのって遠く山あいまで響くという自然現象があります。

7 欲をかく者は地の底へ落ちていけ

子孫が栄え…と縁起の良い鐘つき堂となりました。そのうち、鐘をつくと大金持ちになるといううわさばかりが広まり、あちこちから我我もと山頂を目指す人が急に増え始めました。山頂までの険しく細い道は、滑って谷へ落ちたり、山ヒルやヘビに襲われたりして、けが人や死者まで出る始末となりました。観音堂の和尚はこれを見かねて、「こんなものは無い方がいい。欲をかくものは無間(むげん)地獄へ行け」と言って、近くの古くて深い井戸に鐘を放り込んでしまいました。

　粟ヶ岳の別名、「無間山」から、この井戸を「無間の井戸」と呼ぶようになりました。井戸の跡は今も頂上に残っています。山肌に書かれた「茶文字」で知られる粟ヶ岳は標高532m。車で頂上の阿波々神社や展望休憩所まで行くことができます。

茶文字のある粟ヶ岳山頂に「無間の井戸」がある

出演する役は自分で選べる。軽やかにダンスを披露する小鵺が人気

頼政を彷彿させる、伊豆の国市弓道連盟による弓のデモンストレーション

大鵺は獅子舞のように2人がかりで演じ、アクロバティックな動きも軽々こなす。頼政たちとの最後の大立ち回りは迫力満点

鵺(ぬえ)ばらい祭

源頼政が鵺を退治した伝説にちなむ

伊豆の国市

伊豆長岡温泉で、鵺を追い払い福を招く新年の厄払い行事として50年の歴史があります。最大の見どころ「鵺踊り」は頭がサル、胴がトラ、尾はヘビという妖怪「鵺」を源頼政が退治したという伝説に基づき、頼政の妻あやめ御前が伊豆の国市古奈出身だったことから発案されました。

話の舞台は平安時代、都では深夜になると黒煙が御所を覆い、鵺の「ヒョーヒョー」という気味の悪い鳴き声が響きました。そして、その度に近衛天皇は奇病に苦しまれたそうです。ある夜、警護に当たっていた弓の名手、頼政と家来の前に鵺が出現。頼政が矢を放つと、すかさず家来の猪早太(いのはやた)が剣でとどめを刺し、見事鵺を退治しました。

演じ手を務めるのは地元の中学生。太鼓が鳴り響く中、鵺と甲冑姿の頼政たちの立ち回りは迫力があります。会場では頼政が弓の名手だったことにちなみ、弓のデモンストレーションや伊豆長岡芸妓組合による踊りの披露、豆まきやもちまきも行われます。

1月　下旬の日曜日

午後(鵺踊りは2回公演)

開催地 湯らっくす公園
伊豆の国市長岡613-1

問い合せ 055-948-0304
伊豆の国市観光協会

備　考 雨天時はあやめ会館で鵺踊り、芸者衆による踊り、豆まきのみ開催

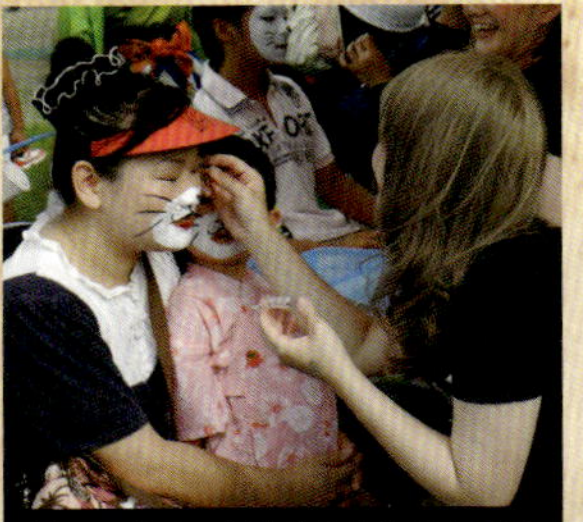

猫メークは、顔全体を白塗りするフルメークからポイントメークまで

出店も猫一色。飲食も雑貨も、猫にちなんだものを販売する

会場は、なりきり猫がいっぱい。ここでは老若男女、思いきり猫に扮することができる。楽しまなくちゃ損！

函南町

かんなみ猫おどり

大人も子どもも、猫になりきり楽しむ

顔を白塗りして猫メークを施し、猫をイメージしたコスチュームに身を包み、老若男女、猫になりきり楽しむ奇祭。昔、この地域にすむ猫たちが夜になると集まり、人間の言葉を話し、笛の音に合わせて踊りを楽しんだという、函南町軽井沢地区に伝わる民話「猫踊り」を基に1988年に始まりました。マスコットキャラクターの「シロにゃん」は、主人公の猫の「シロ」がモデルです。当初4000人程度の参加者も、今では約1万人を数えます。

祭りは「猫おどり」をメインに、いかに楽しく猫らしく踊るかを競ったり、コスプレコンテストで猫になりきったり。会場には無料で猫メークを施してもらえるコーナーも設けられ、個性豊かな猫であふれます。また飲食や雑貨などの出店も猫がテーマになっていて、限定販売の肉球型のパンは毎年大人気です。ステージイベントも盛りだくさん、夜空を染める花火大会でクライマックスを迎える、一日楽しめる函南町の夏の風物詩です。

8月　初旬

2016年は8月7日（日）

開催地 2016年は町立函南中学校グラウンド
田方郡函南町仁田56

問い合せ 055-978-9191
函南町観光協会

備　考 事前に猫おどりの練習日あり

熱海こがし祭り

熱海市

天狗が神さまを海まで先導

7月14日の宵宮祭に始まり、15日の例大祭・宮神輿渡御、16日の神幸祭と続く、熱海の夏を彩る「來宮神社例大祭（熱海こがし祭り）」。16日の浜降り神事では、來宮の神さまを乗せた御鳳輦（ごほうれん）を天狗（猿田彦命）が海まで先導し、総勢500人にのぼる時代絵巻が繰り広げられます。神さまが迷わないようにと天狗がまきながら歩く「麦こがし」は、ダイダイ・ところ（ヤマイモ科）・百合根と並ぶ神さまの好物。無病息災、身体健全になるといわれ、振りかけてもらおうと人が集まります。最近は、これら神さまの好物を使った「来福スイーツ」も各種発売され人気です。

天狗が町中に麦こがしをまく

7月14日～16日
天狗が登場するのは16日
開催地 來宮神社、熱海市街地
問い合せ 0557-82-2241

川合淵まつり

浜松市北区

大蛇が川を渡り、暴れ回る

久留女木地区に伝わる大蛇伝説にちなんでいます。病気の父親のために薬を買いに出かけた娘が、大雨で増水した川を渡れず困っていると、大蛇が丸太に化けて助けてくれたという話から、全長約10ｍの大蛇が娘役に先導されて久留女木川を渡ります。岸に上がった大蛇は、笛や太鼓の音に合わせて勇壮な蛇踊りを披露。また、同地には多くの伝説が残っていて、わら人形が田植えを手伝ったという話にちなんだ「わら人形流し」も行われます。観光客が帰った後は、住民たちの納涼祭がスタートします。

大蛇の川渡りを一目見ようと観光客が訪れる

7月　第1土曜日
15:00～20:00頃
開催地 川合淵公園
浜松市北区引佐町西久留女木
問い合せ 053-522-4720
奥浜名湖観光協会

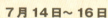

龍をモチーフにした植栽前は、絶好の記念撮影ポイント

祭日３日前から精進部屋にこもり、身を清めて臨む。池の対岸に置かれたおひつを数往復して運ぶ

おひつ納めが始まる前、神主が由来などを説明

御前崎市

桜ヶ池のお櫃（ひつ）納め

龍がすむという池で行われる奇祭

龍神がすむといわれる桜ヶ池。平安時代末期、衆生救済を願う比叡山の高僧、皇円阿闍梨（こうえんあじゃり）が56億7000万年後に現れるとされる弥勒菩薩に教えを受けるため池に入り、龍になったと伝わります。その後、弟子の法然上人（浄土宗開祖）が、師の皇円阿闍梨の好物だった赤飯を「おひつ（櫃）」に入れて池に沈め、法要を営んだのが、毎年秋の彼岸の中日に行われる、800年以上続く神事「納櫃祭（お櫃納め）」の起源とされています。

おひつは、フンドシ姿の氏子の青年たちが立ち泳ぎで池の真ん中まで運び、ぐっと体重をかけて回転させながら、池の底にいるとされる龍神に捧げます。数日後、沈めたおひつが空になって水面に浮かべば、そこに込めた願いが叶うといわれています。また池の底が諏訪湖とつながっていて、沈めたおひつが諏訪湖でみつかったという伝説もあり、遠州七不思議の一つになっています。納櫃祭は県指定無形民俗文化財に登録されています。

9月　秋分の日

13：00～15：30頃

開催地　池宮神社境内桜ヶ池　御前崎市佐倉5162

問い合せ　0537-86-2309

備考　雨天決行。少し離れた場所に駐車場が設けられ、無料シャトルバスが出る

最終日は、数年ごとに流鏑馬（やぶさめ）も古式にのっとり行われる

獅子頭は江戸初期につくられたものを大切に使用

祭に関わる住民は、世襲で決まっている役柄を務める。江戸時代にはその重要性と多くの参拝者が詰めかけることから、掛川藩から警護の武士が派遣されるほどだったという

掛川市

垂木（たるき）の祇園祭

大獅子退治にちなむ伝統神事

古来、垂木の里には深山渓谷があり、怪獣（大獅子）が生息していたといわれています。初夏のある日、小麦の取り入れ時に中村彦八の敷地に現れ、小麦俵を食い破り、暴れ回りました。そこで追い払うために、小柳津六郎衛門を筆頭に7騎の武者が深山に入り、射止めたと伝わります。

掛川市垂木地区で500年以上にわたり開催されている、雨櫻神社と六所神社の祭礼「垂木の祇園祭」は、この怪獣伝説と、鎌倉時代末期に雨櫻神社の社殿が焼失してご神体を一時、移したことに由来する「神幸祭」が一体になり執り行われているものです。八日七晩続く神事で、雨櫻神社から六所神社へ神輿を移す「神幸祭」に始まり、毎日の「日供祭」、そして雨櫻神社へ神輿を戻す「還御祭」で終了します。見せ場は7日目の夜、獅子の被害に遭った家の子孫、中村家の庭前で行われる「獅楽式」。六所神社から獅子頭や榊屋台の行列が出発し、小麦俵を食い破る様子を再現した獅子舞が披露されます。

7月7日に近い日曜日から1週間

日により時間は異なる

開催地	六所神社ほか 掛川市上垂木 981 ほか
問い合せ	0537-26-0593 六所神社
備考	見学は7日の夜の「獅楽式」、8日に神輿を戻す際、「馬場の原」に立ち寄るときに合わせて出かけるのがよい

写真提供／掛川市教育委員会

ダムの繁栄を祈る 佐久間ダム 竜神まつり

問い合わせ
10月の最終日曜日、10：00～15：00
佐久間ダム湖岸広場（浜松市天竜区佐久間町）
053-965-1651
天竜区観光協会佐久間支部

太鼓やカネのおはやしに合わせ、金色の龍が激しく体をうねらせたり、とぐろを巻いたりしながら空中を泳ぎ回る「竜神の舞」は圧巻。祭りは昭和 31（1956）年に完成した佐久間ダムの繁栄を祈念し、また工事殉職者を慰めるために始まりました。完成翌年の昭和天皇行幸の際、ダム湖に皇居のコイが放たれたことにあやかり、体長15mの竜神の胴体はコイのウロコに覆われています。湖上を船で移動する竜神渡御にはじまり、湖岸広場で飛龍太鼓や各種イベントを開催。ダム湖の真ん中で打ち上げる昼花火は、カラースモークが山の緑に映え、周囲に音がこだまし迫力があります。

歴史と民話の郷 さくま

問い合わせ
「民話の郷イベント」
民俗文化伝承館（浜松市天竜区佐久間町）
053-965-1651
天竜区観光協会佐久間支部

目薬の処方を教えてくれた河童や、ちょっと怖いやまんばや大蛇など、佐久間町には伝説の地とともに多くの民話が残ります。車でまちを走れば、各所で民話を記載した看板やトンネルには龍の彫刻、「歴史と民話の郷会館」駐車場では河童や龍など登場人物の石像が目を楽しませてくれ、民話の郷であることを実感します。北条（ほうじ）峠の民俗文化伝承館では月に1回、語り部が民話を紹介。秋には「民話の郷イベント」が開催され、近隣市町の語り部も集まり、各地のさまざまな話を披露します。

番号リストは94ページをご覧ください

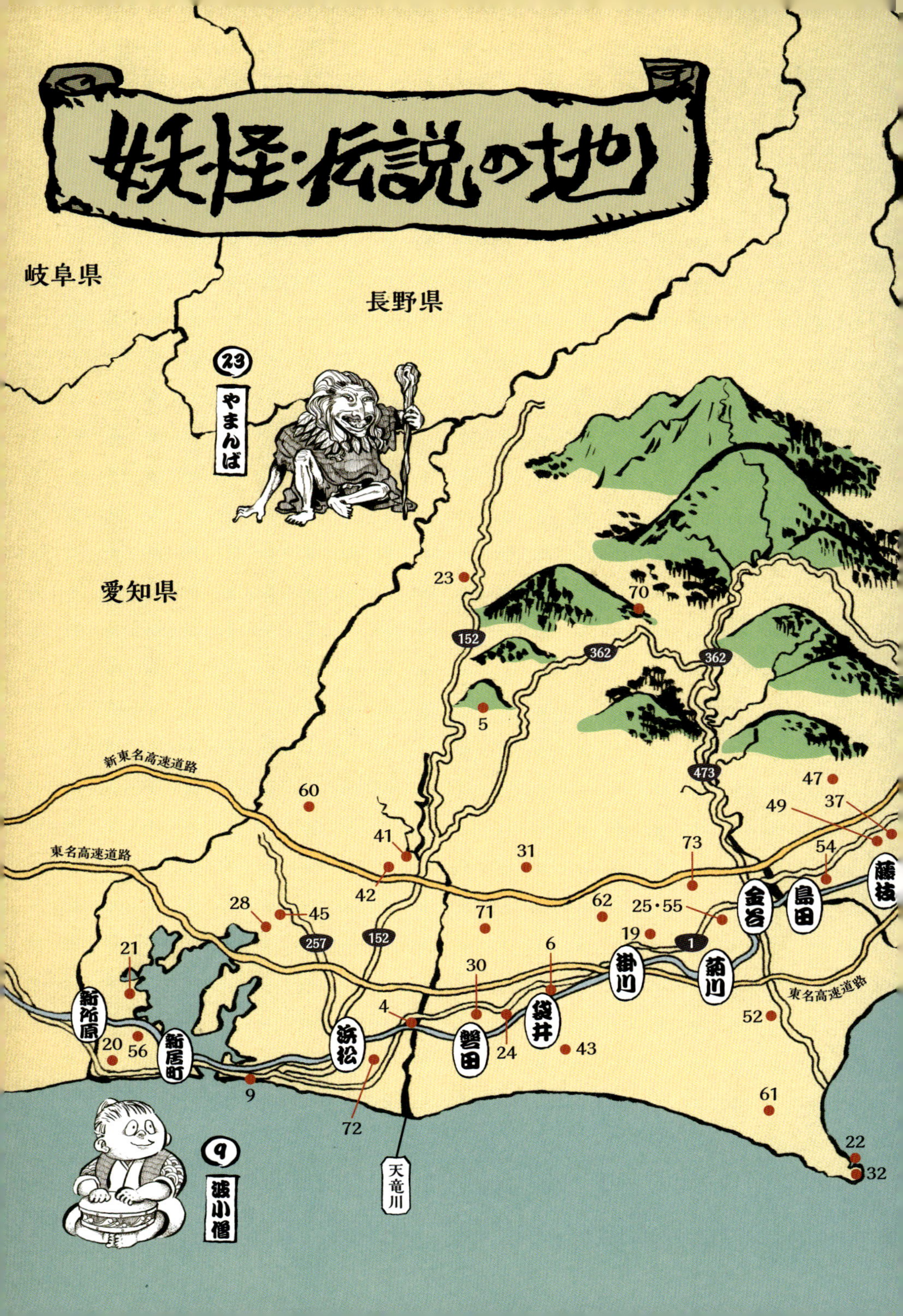
妖怪・伝説の地
岐阜県
長野県
愛知県
23
やまんば
9
波小僧
天竜川
新東名高速道路
東名高速道路
東名高速道路
新所原
新居町
浜松
磐田
袋井
掛川
菊川
金谷
島田
藤枝
152
362
362
473
257
152
1
23
70
5
60
47
37
49
41
31
73
54
42
28
45
62
25・55
71
19
21
6
30
4
24
43
52
20
56
9
72
61
22
32

妖怪・伝説の地索引

該当地域は 92,93 ページの
番号をご覧ください

※（ ）内の数字は掲載ページです

参考文献

『伊豆の民話集』
勝呂弘　編
長倉書店

『えほん 福知山の酒呑童子』
日本の鬼の交流博物館

『遠州七ふしぎの話』
御手洗清　著
遠州伝説研究会

『かわづのハイキング』観音山コース
河津町観光協会

切り絵本『沼のばあさん』
静岡英和女学院　編集・発行

『広報ふじ(昭和42年・10号)』ふるさとのでんせつ(1)
富士市

『湖北湖西の民話と史話 101 話』
湖西市

『静岡県史 資料編 23 民俗 1』
木村博　著
静岡県

『静岡県のむかしばなし あしたかのほら貝』
清水達也　再話
静岡新聞社

『静岡県のむかしばなし 怪鳥やいばのきじ』
清水達也　再話
静岡新聞社

『静岡県のむかしばなし 西山寺の仁王』
清水達也　再話
静岡新聞社

『静岡県の昔ばなし 天女の羽衣』
清水達也　再話
静岡新聞社

『静岡県の昔ばなし ねこ塚ねずみ塚』
清水達也　再話
静岡新聞社

『静岡県の昔ばなし まぼろしの花』
清水達也　再話
静岡新聞社

『新版 伊豆の伝説』
小山枯柴　編
羽衣出版

『東海道と伝説 8』
鈴木暹、大嶋善孝　著
静岡新聞社

『南国伊豆の昔話』
南国伊豆観光推進協議会企画
下田青年会議所

『ぬまづ昔ばなし』
ぬまづ社会科研究会
蘭契社書店

『福知山の酒呑童子伝説(第2版)』
日本の鬼の交流博物館

『藤枝町伝説童話集　上巻』
大房暁　著
岡文社(昭和3年発行)

『富士ニュース(平成12年10月29日号)』

『まんが静岡むかしばなし おばけぞろぞろ』
たなかよしみ　著
静岡新聞社

『まんが静岡むかしばなし おばけまだまだ』
たなかよしみ　著
静岡新聞社

『民間伝承』45巻2号「伊豆の妖怪譚」
木村博
六人社

しずおか 妖怪・奇談を訪ねて
現代に残る不思議スポット

2016年6月21日　初版発行

企画・編集　静岡新聞社出版部

取材・執筆　西岡あおい　加藤修一　佐野真弓　豊田久留巳　増渕礼子

デザイン　ウンノヨウジ

イラスト　近藤至弘（P4～7）

地図・イラスト　塚田雄太（P92.93）

発行者　大石剛

発行所　静岡新聞社

〒422-8033 静岡市駿河区登呂 3-1-1

TEL 054-284-1666

印刷・製本　中部印刷株式会社

ISBN978-4-7838-1981-3　C0039